住みやすい都市 Livable Cityをつくる
Creating Livable Cities

はじめに

福岡孝則　Takanori Fukuoka
神戸大学大学院工学研究科建築学専攻 持続的住環境創成講座
（積水ハウス）特命准教授 / Fd Landscape 主宰

2014 ～ 2016 年に開催された
神戸大学持続的住環境創成講座の国際シンポジウム

神戸大学　持続的住環境創成（積水ハウス）寄附講座について

　本書は、2012 年から 2016 年にわたって神戸大学持続的住環境創成（積水ハウス）寄附講座で取り組んできたテーマの一つである「Livable City（住みやすい都市）をつくる」についてまとめたものである。持続的住環境創成講座は、「自然と社会の共生を基本としながら、安全と安心が維持できる豊かな持続的住環境の創成を目指した建築・住宅デザイン、ランドスケープなど領域横断的な実践的研究を行う」ために、神戸大学と積水ハウス株式会社の連携により設立され、"豊かな住環境の創成を目指した実践的な研究" を行うことを目的として活動を展開してきた。持続的住環境の領域は非常に多岐にわたり、神戸大学建築学科教員・研究者の皆様にも多数ご参加頂き、防災減災や安全安心、東日本大震災からの復興、環境シミュレーションなど住宅・住環境の性能、多世代シェア居住など住まい方に関する研究、工業化住宅の研究や歴史的研究、リノベーション、住宅地景観、持続的地域環境の創成など豊かな住環境を創成するための実践的な研究が行われた。[1]

サステイナブルな環境デザインと Livable City（住みやすい都市）

　「Livable City（住みやすい都市）をつくる」というテーマは古くて新しいものである。今日世界の人口の過半が都市に居住するようになり、抱える課題もますます多様化する中で、私たちは一体何をするべきか？ というシンプルな疑問が本書のきっかけとなっている。私たちはまず、サステイナブルな環境デザインとは何かということを考えることからはじめた。2012 年のシンポジウムでは原広司先生（東京大学名誉教授）、團紀彦先生（神戸大学客員教授）、を 2013 年には進士五十八先生（東京農業大学名誉教授）、と團先生をゲストにシンポジウムを開催し、サステイナブルな環境デザインに関するビジョンや総論をまとめた。

　2014 年には「サステイナブルな環境デザイン」というテーマでドイツからは快適な環境を創造するクライメイトエンジニア、ヤン・メナート氏 (Transsolar) と、建物から都市まで快適な環境とはどのようにつくることができるのかを議論し、シンガポールからはアジアでサステイナブルな環境デザインを実践するレオナルド・ウン氏 (Ramboll Studio Dreiseitl Singapore) を招聘して国際シンポジウム等を開催し、建築・敷地スケールから都市スケールにおけるサステイナブルな環境デザイン手法の展開について議論した。こうした数年に渡る議論の積み重ねを通じて、都市におけるサステイナブルな環境デザインについて突き詰めて考えていくうちに、一つの答えとして、それはリバブルシティであるという結論に至った。サステイナブルな環境デザインは、人間が住みやすい都市創成のためのアプローチの一つであるからである。リバブルシティを考える上で、最も重要だと考えたことがある。それは、

「これからの時代、都市のパブリックスペースこそが、人々が住みやすく、健康的な生活を送るための鍵になる。人々が求めているのは、これまでの都市にはない自然や余白であり、散歩や軽い運動をしたり、人と出会うとのできるパブリックスペースの機能と魅力を高め、生活の質を上げることが都市のサステイナビリティにもつながる」[2]

である。リバブルシティ創成の戦略や総論と具体的な空間・場所との関係性を探求すべく、2015 年には都市デザイン行政を牽引するジェフリー・シューメーカー氏（ニューヨーク市都市計画局都市デザイン・ディレクター）と建築・ランドスケープ・都市デザインの領域で実務を展開するジョージーン・セオドア氏（ニュージャージー工科大学准教授）をゲストとして、「Livable City（住みやすい都市）をつくる -Public Space デザインからの都市戦略 -」という国際シンポジウムを開催し、パブリックスペースとリバブルシティ創成の関係について議論した。

　また、2016 年には世界一のリバブルシティ、メルボルン市からオースティン・レイ氏（元メルボルン市 スマートシティオフィス・プラクティスリーダー）、新しいパブリックスペースの展開を進めるサーシャ・コールズ氏（ASPECT Studios ディレクター）をゲストに「Livable City（住みやすい都市）をつくるⅡ -都市戦略と生活の質から考える」国際シンポジウムを開催した。

　リバブルシティの国際シンポジウム等を企画・開催する中で多くの気づきがあったが、特に驚いたのは多領域、多様な参加者から関心が寄せられたことである。行政、デベロッパー、建築設計、住宅メーカー、都市デザイン、ランドスケープ、研究者、コンサルタント、市民、学生まで参加があり、リバブルシティについて考えることは、都市に暮らす誰もが興味を持っているということが改めて確認できた。

　世界中で「どのように住みやすく、住み続けたい都市をつくるか？」という挑戦が続く中、この壮大なテーマに対する答えは簡単に見つけられる

ものではないだろう。しかし、この数年間にわたるリバブルシティを考える取り組みを一つの成果としてまとめて、リバブルシティ（住みやすい都市）の創成という視点から、持続的住環境について考えることを目指した。

第1章の「リバブルシティのビジョンとアプローチ」

本書の構成に関して、簡単に説明する。まず第1章ではリバブルシティをつくるためのビジョン（戦略）とアプローチを整理した。パブリックスペースを核に都市デザイン行政を展開するシューメーカー氏からは歩行者空間や公開空地の質から高架鉄道跡の空中公園化で世界的に名高いハイラインの進め方まで、行政の立場からどのようにパブリックスペースに戦略的に取り組んでいるか？　をまとめ、メルボルン市のスマートシティオフィスで長年都市戦略づくりやリサーチを担当してきたレイ氏からは行政としての取り組みが示された。また、セオドア氏やコールズ氏のパブリックスペース・デザインの実践からは、公園から暫定的なパブリックスペースまでがリバブルシティの創成とどのような関係を持っているかについてまとめ、加えてサステイナブルな環境デザインについてはシンガポール・ウン氏の生態的デザイン、ドイツ・メナート氏のクライメイト（気象）デザインやポートランド市環境局の内山氏のグリーンインフラに関する取り組みについてまとめた。第1章では「リバブルシティをつくる」ための大きい考え方や動向を示している。

第2章の「パブリックスペースからリバブルシティを考える」

第2章では、パブリックスペースからリバブルシティを考えるという構成になっている。ビジョン（戦略）とパブリックスペース（場所）が結びついた時に、初めてそこに住む人は「住みやすさ」を実感するのではないか、という考えに基づいている。7つの論考で取り上げた9つの事例は地下小河川を開渠化し、公園を核にして創成したフランスのエコ街区おける取り組み、ベルリンとコペンハーゲンの屋外プールやウォーターフロント、ノッティンガムの中心でリノベーションされた都市広場、文化生態公園に再整備されたアムステルダムのガス工場跡地、ドイツの水のプレイグラウンドや自然水のプールなど、健康・生態・文化・社会などリバブルシティを構成する要素を反映した魅力的なパブリックスペースである。

日本においては健康を核にしたアウトドア・フィットネスを展開するコートヤードHIROO、神戸市東遊園地で暫定的に展開されてきた社会実験URBAN PICNICなど新しい形のパブリックスペースについてまとめた。

第3章の「リバブルシティのつくり方　提案編」

第3章では、神戸大学　持続的住環境創成講座の3つの実践的研究プロジェクトと講座で主催したオーストラリア・モナシュ大学と神戸大学との国際ワークショップ「リバブルシティ神戸」についてまとめた。遠藤研究室は、防災・減災のための津波避難タワーと仮設住宅の提案を取りまとめ、近未来に予測される地震や津波に対しての減災デザインの可能性を示した。槻橋研究室は、東日本大震災からの復興から地方都市の市民参加型の公園づくり、神戸市におけるまちづくりなどの取り組みを通して、人が中心にある参加型のコミュニティ創成について提案した。福岡は、持続的雨水管理を核としたグリーンインフラに関する知見をまとめている。

最後に、本書は「リバブルシティをつくる」ために建築から都市スケールまで、できるだけ多くの空間像をともなうリバブルシティのイメージを詰め込んでいる。都市の戦略づくりへの活用から、パブリックスペースの創成まで「Livable City（住みやすい都市）をつくる」ために、産官学民が当事者となって何かを始めるために本書が役立つことを期待する。

参考文献
1）神戸大学持続的住環境創成（積水ハウス）寄附講座年報2012～2015、神戸大学持続的住環境創成講座編
2）福岡孝則：海外で建築を仕事にする2 都市・ランドスケープ編, 学芸出版社

目次

002 はじめに
福岡孝則　Takanori Fukuoka [神戸大学大学院工学研究科建築学専攻 持続的住環境創成講座（積水ハウス）特命准教授 / Fd Landscape 主宰]

第1章　リバブルシティのビジョンとアプローチ

008 ■リバブルシティをつくる
福岡孝則　Takanori Fukuoka [神戸大学大学院工学研究科建築学専攻 持続的住環境創成講座（積水ハウス）特命准教授 / Fd Landscape 主宰]

012 ■ニューヨーク市の Livable City 戦略：
　　　パブリックスペースからはじめよう！
ジェフリー・シューメーカー　Jeffrey Shumaker [ニューヨーク市都市計画局　都市デザイン・ディレクター / チーフ都市デザイナー]

018 ■人、場所、それともモノ？
ジョージーン・セオドア　Georgeen Theodore [ニュージャージー工科大学建築デザイン学部 准教授、Interboro Partners パートナー]

024 ■メルボルン市のリバブルシティ戦略と都市ランキング
　　　－スマートでリバブルな未来の都市創成に向けて－
オースティン・レイ　Austin Ley [元メルボルン市　スマートシティオフィス・プラクティスリーダー , Planning for Change]

030 ■'場所を共有する'
　　　－人間のためのパブリックスペースと都市をつくる－
サーシャ・コールズ　Sacha Coles [オーストラリア・シドニー市　ASPECT Studios ディレクター]

036 ■人が人を集める。住みやすい街と移住論
小泉寛明　Hiroaki Koizumi [Lusie Inc. 代表、神戸R不動産]

040 パネルディスカッション
■Livable City（住みやすい都市）のつくりかた
パネリスト：遠藤秀平 × 槻橋修 × 小泉寛明 × Austin Ley × Sacha Coles
モデレーター：福岡孝則、通訳：山田知奈

044 ■アジアのサステイナブル・シティ
　　　－水循環から発想する都市環境デザイン
レオナルド・ウン　Leonard Ng [ランドスケープアーキテクト　Ramboll Studio Dreiseitl Singapore 代表]

050 ■ドイツのサステイナブル・デザイン
　　　－気象（クライメイト）と環境性能から建築・都市を構想する
ヤン・メナート　Jan Mehnert [クライメイト・エンジニア　Transsolar, Germany]

056 ■ポートランド市のグリーンインフラ（GI）戦略最前線
　　　－夢から実践へ　30年間のGI展開について語る
ドーン・内山　Dawn Uchiyama [米国ポートランド市環境局アシスタント・ディレクター（グリーンインフラ担当）]

第2章　パブリックスペースからリバブルシティを考える

066　■Bottiere-Chenaie Eco District ―水から発想するエコロジカル街区のデザイン
福岡孝則　Takanori Fukuoka

071　■パブリックスペースを核にした「健康的な都市の創成」
福岡孝則　Takanori Fukuoka

076　■パブリックスペースからの都市再生 ―ニュー・オールド・マーケットスクエア
福岡孝則　Takanori Fukuoka

081　■ブラウンフィールド（工業跡地）を活かしたリバブルシティ
福岡孝則　Takanori Fukuoka

086　■Water for All ―水を媒介とした人間、都市、自然の新しい関係性
福岡孝則　Takanori Fukuoka

092　■コートヤード HIROO ―多様な価値観をもつ人々が混じり合うオープンでソーシャルな場所をつくる―
福岡孝則　Takanori Fukuoka

098　■都心の公園を育てるこころみ ―リバブルシティをめざして―
村上豪英　Takehide Murakami［一般社団法人リバブルシティ イニシアティブ代表理事（アーバンピクニック事務局長）］

第3章　リバブルシティのつくり方　提案編

106　■減災デザイン都市
・コルゲート鋼板を用い段階的供給による拡張可能な災害時仮設住宅の提案
遠藤秀平　Shuhei Endo［神戸大学大学院工学研究科建築学専攻 教授、建築家］、
神戸大学大学院 遠藤研究室　Kobe University Endo Laboratory

・景観とのバランスを目指した津波避難タワーの提案
遠藤秀平　Shuhei Endo、高麗憲志　Kenji Korai［神戸大学大学院工学研究科 技術職員］

118　■リバブルシティの新しい条件　レジリエントな社会を導くデザイン手法
槻橋修　Osamu Tsukihashi［神戸大学大学院工学研究科建築学専攻 准教授、建築家］、
神戸大学大学院 槻橋研究室　Kobe University Tsukihashi Laboratory

　　1.「失われた街」模型復元プロジェクト
　　2. 気仙沼みらい計画大沢チーム
　　3. 氷見朝日山公園コミュニティデザイン
　　4. SANNOMIYA2016 プロジェクト ～つくりながら考える～

130　■持続的雨水管理を核にしたグリーンインフラ
福岡孝則　Takanori Fukuoka

136　神戸大学×モナシュ大学　国際ワークショップ 'Livable City KOBE'
■LIVABLE CITY（住みやすい都市）神戸の提案

142　おわりに
遠藤秀平　Shuhei Endo［神戸大学大学院工学研究科建築学専攻 教授、建築家］

第1章
リバブルシティの ビジョンとアプローチ

©NYC DCP

■リバブルシティをつくる

福岡孝則　Takanori Fukuoka
神戸大学大学院工学研究科建築学専攻 持続的住環境創成講座（積水ハウス）特命准教授 / Fd Landscape 主宰

Livable City

Livable City とは一体何だろうか？　本書の目的は「Livable City」をつくるためのビジョン（戦略）とそのアプローチ（手法）の一端を示し、これからの都市について考えることである。

Livable とは Live+able を組み合わせた言葉で、「住みやすい、住むのに適した、快適な」という意味を持つ。[1] どのように自分たちの生活スタイルに適した住みやすい都市を選択するのかというのは、すべての人にとって重要なテーマである。Livable City（以下、リバブルシティ）とは、都市を経済成長、利便性や競争力だけで考えるのではなく、そこで働き、暮らす多世代の人たちが、「文化・社会」「健康」「環境」など多様なライフスタイルを選択しながら、どのようにして快適に「住み続けることができる」かを考えるための重要なコンセプトなのである。

なぜ、今リバブルシティなのか

リバブルシティは古くて新しいテーマである。特に1980年代から北米や欧州において、郊外から都市居住に回帰する動きにともない、都心部の再生が進められるようになったことを契機に注目されるようになった概念である。より具体的には、都心部においてよりコンパクトに暮らすことができるような住宅施策を取ることで、人口の流入を促進し都市の競争力を高める一方で、歩きやすいまちづくりや公共交通の整備、都心部のパブリックスペースの拡充などが戦略的に展開されてきた。例えば、フランスのパリ市では1960年代には一人当たりの居住面積が25㎡であったが、現在は47㎡で2030年には65㎡になると予測されている。もし、よりコンパクトに暮らすことでライフスタンダード（居住面積）が抑えられるのであれば、現在の3倍の人が市内に暮らすことができると試算している。[2] ま

ランキング名 ①調査・評価主体 ②調査年 ③対象都市 ④評価項目数	指標カテゴリー	ランキング・トップ10	評価手法・使用データ	補足	リバブルシティランキングの目指す方向性
Global Liveability Rankings（2016年度） ①The Economist Intelligence Unit (EIU) ②2005年から毎年 ③127都市 ④40項目（5カテゴリー）	・社会の安定と安全（25％） ・医療サービス（20％） ・文化と環境（25％） ・教育制度（10％） ・インフラ（20％）	1.メルボルン（オーストラリア） 2.ウィーン（オーストリア） 3.バンクーバー（カナダ） 4.トロント（カナダ） 5.カルガリー（カナダ） 6.アデレード（オーストラリア） 7.パース（オーストラリア） 8.オークランド（ニュージーランド） 9.ヘルシンキ（フィンランド） 10.ハンブルク（ドイツ）	◎数値的要素に関する各種原データ。 ◎パブリック・オピニオン調査。 ◎各種専門家、行政職員、都市研究家へのインタビュー調査。	調査は、 アジア：30％ アメリカ：30％ ヨーロッパ：30％ その他：10％ の振り分けで行われる。	都市戦略としてのリバブルシティ
Quality of Living Survey（2016年度） ①Mercere Human Resource Consulting ②1994年から毎年 ③440都市 ④39項目（10カテゴリー）	・社会政治（安定と安全） ・経済状況 ・社会文化環境 ・健康（医療、公衆衛生等） ・教育制度 ・娯楽施設・サービス ・公共交通サービス ・消費財の入手可能性 ・居住環境 ・自然環境	1.ウィーン（オーストリア） 2.チューリッヒ（スイス） 3.オークランド（ニュージーランド） 4.ミュンヘン（ドイツ） 5.バンクーバー（カナダ） 6.デュッセルドルフ（ドイツ） 7.フランクフルト（ドイツ） 8.ジュネーヴ（スイス） 9.コペンハーゲン（デンマーク） 10.シドニー（オーストラリア）	◎各種量的データ ◎評価における各項目の比重は移住先で職を持つ国外移住者の評価により決定。	◎ニューヨークを100とした上で、各都市の評価を数値化。 ◎各指標ごとのランキングも公表。	
Quality of Life（2015年度） ①Monocle ②2007年から毎年 ③非公表 ④非公表	・公共交通／医療サービス* ・インフラ ・商業活動 ・教育制度 ・自然資源／環境負荷 ・多様な価値観への寛容さ ・都市空間（景観） ・食と住の質 ・文化的活動 ・市民の熱意 ・都市としての成長率など	1.東京（日本） 2.ウィーン（オーストリア） 3.ベルリン（ドイツ） 4.メルボルン（オーストラリア） 5.シドニー（オーストラリア） 6.ストックホルム（スウェーデン） 7.バンクーバー（カナダ） 8.ヘルシンキ（フィンランド） 9.ミュンヘン（ドイツ） 10.チューリッヒ（スイス） [12.福岡（日本）、14.京都（日本）]	非公表	*指標の詳細は非公開のため、各都市へのコメントから推察。	
シティブランド・ランキング —住んでみたい自治体編— ①日経BP総合研究所 ②2016年に実施 ③日本254市区町村 ④43項目（10カテゴリー）	・安全 ・生活のしやすさ ・住環境 ・生活インフラ ・医療・介護 ・子育て ・行政サービス ・コミュニティ ・観光 ・雇用	1.札幌市（北海道） 2.京都市（京都府） 3.横浜市（神奈川県） 4.鎌倉市（神奈川県） 5.那覇市（沖縄県） 6.福岡市（福岡県） 7.神戸市（兵庫県） 8.石垣市（沖縄県） 9.函館市（北海道） 10.軽井沢町（長野県）	予備調査で日本5大都市（東京23区、大阪市、名古屋市、札幌市、福岡市）及び近県に住む10万人のサンプルより全1741市区町村から上位254市区町村を抽出。この254自治体を対象に本調査を実地。		生活の質から考えるリバブルシティ

表1：リバブルシティを巡る国際的な動向。[5]〜[8] を元に著者作成

上／左から、屋外でのランチミーティング＠コートヤード HIROO。LRT も導入され、歩きやすいまちづくりの進むリヨン市内。夏の夜を楽しむ光のワークショップ＠町田市鶴間公園。
下／左から、リバブルシティフォーラム＠神戸市東遊園地。フライブルク市内のファーマーズマーケット。再整備されたリヨン市のリバーフロント

たニューヨーク市でも第1章でご紹介するように、都心部での住宅施策に戦略的に取り組むことで、25㎡前後のコンパクトな集合住宅の実験プロジェクトを展開し、若者や創造的なスキルをもった人たちがより暮らしやすく、同時に都市競争力を保つことを意識している。

これらの都市では高密度居住を促進すると同時に、共有空間やパブリックスペースの質を高めることで、都市の質を高める努力を続けている。つまり、今までのライフスタンダードを見直し、よりコンパクトな暮らしへと総合的にシフトしていくことは、エネルギー使用の拡大による環境負荷や炭素排出量を抑制し、新しい都市やインフラを建設する費用を節約することを可能にする。加えて、それはコンパクトな居住環境にいる人たちの共有空間や都市内のパブリックスペースへのニーズが高まることにも繋がる。日本においても、少子高齢化、縮退時代の都市において既存の社会・環境資源を創造的に活用した都市の再生が求められている。それ故に、これからのリーダーは創造的なリバブルシティのビジョンと、そこに至るまでのストーリーを描く能力が求められる。日常的には実感しにくいことではあるが、都市間では「質の高い豊かな都市生活」（リバビリティの高い都市）を求めて常に競争が展開されている。

リバブルシティを巡る国際的な動向、都市間競争ランキング

リバブルシティという考え方を理解するために、ここでは都市の評価とランキングという視点からリバブルシティに関する国際的な動向を整理する。リバブルシティというコンセプトは、環境問題への高まりと海外からの投資を巡る国際的都市間競争の激化を背景に1980年代に注目され始めた。ここで設定された指標とは、住人と訪問者が利用可能な設備や機会であり、量的な指標としては安全性、気候、仕事環境、生活コスト、教育、住宅、文化、環境などがあげられ、質的な指標としてはライフスタイル、幸福‐健康状態などがあげられる。過去20年間に発表されてきた様々なリバブルシティランキングにおいて常にランキングに登場する都市は北米では、バンクーバーやトロント、欧州ではコペンハーゲン、チューリッヒ、ウィーン、ミュンヘン、そしてアジア・豪州ではパースやメルボルン、オークランドである。このようなリバブルシティのランキングの中で特に以下の4つに着目した。リバブルシティの総合的なランキングとして、英国の「The Economist Intelligence Unit's Livable City Ranking (EIU)」[5]と米国のMercer Human Resource Consulting の「Quality Living Survey」[6]、加えてよりクオリティ・オブ・ライフや生活者の視点からの評価に軸があるランキングとして、英国 Monocle の「Quality of Life Ranking」[7]と日経BP総合研究所による「シティブランド・ランキングー住んでみたい自治体編」[8]がある。以上4つのランキングからリバブルシティを巡る国際的な動向についてまとめた（表1）。

第1に、英国エコノミスト誌の「The Economist Intelligence Unit's Livable City Ranking (EIU)」は最も包括的なランキングと言われ、2005年から毎年世界約130都市（年度により増減あり）を対象に行われる。指標は40項目に渡り、各項目は、社会の安定と安全、医療サービス、文化と環境、教育、インフラの5つのカテゴリーに類型され個々に評価される。例えば安定と安全に関しては犯罪率やテロ、武力衝突の恐れなど、医療サービスでは公共・民間医療の充実、予防医療などについて、そして文化・環境に関しては気候、旅行者の満足度、レクリエーション、飲食、社会や宗教、スポーツや文化施設などを、教育では公民両方の様々なレベルにおける教育の質を、インフラに関しては道路網、公共交通、地域及び国際間とのつながり、公衆衛生や水資源・エネルギーまでを網羅する。データと調査方法に関しては、アジア・北米・欧州、その他の地域を対象に、数値的要素に関するデータ、パブリックな意見調査、専門家等へのインタビューなど

に基づいて評価を行う。毎年一度レポートとランキングを発表するが、ここ数年はメルボルン市がトップの座を保っており、英国系の都市が高い評価を受けているのが特徴である。

第2に、Mercerの「Quality Living Survey」は、元々は国際的な企業の海外移住者向け、また進出先・移転先の判断指標として開発された都市ランキングである。世界約460都市を対象に、39の指標を10のカテゴリーに類型して調査を行っている。10のカテゴリーとは具体的には、社会政治(安心安全)、経済状況、社会文化環境、健康(医療・公衆衛生)、教育、娯楽施設・サービス、公共交通、消費財の入手可能性、居住環境、自然環境であるが、各指標に関してニューヨークを100とした相対的な評価が行われている。また、全体の総合ランキングに加えて、各項目別の数値も公開されている。特に特徴的なのは主に海外移住者による評価によって評価が行われている点、そして他のランキングと比べても、欧州や北米の都市がランキング上位を占めている点である。ちなみに、日本最高位は東京の44位で神戸が47位、横浜が49位、大阪が58位となっている。全体的に中東とアフリカ諸国は宗教を取り巻く不安定な状況や内戦の脅威などからランキングが低くなる傾向にある。

第3のランキング、Monocleによる「Quality of Life Ranking」は文字通りクオリティ・オブ・ライフ(QOL)に着目した新しいタイプのランキングである。Monocleは世界的なライフスタイル雑誌Wall Paperを設立した編集者Tyler Bruleが統括するメディアで、2007年から毎年世界の主要な25都市のランキングを発表している。ここでは公共交通・医療サービス、インフラ、商業活動、教育、自然資源・環境負荷、多様な価値観への寛容さ、都市空間(景観)、食と住の質、文化的活動、市民の熱意、都市としての成長率などの指標に類型されているが、詳細な評価手法は公開されていない。2016年度のランキングでは東京が1位、欧州の都市がトップ10にランクインするが福岡が12位、京都が14位と日本の都市が高い評価を受けているのが特徴である。前述した2つのランキングに比べ、価値観の多様性やコミュニティなどを評価の対象としており、より都市に生活する人間視点のランキングであるといえよう。

第4に取り上げる「シティブランド・ランキングー住んでみたい自治体編ー」は2016年度から開始された日本の254市区町村を対象に実施されたランキングで、調査項目としては安全、生活のしやすさ、住環境、生活インフラ、医療・介護、子育て、行政サービス、コミュニティ、観光、雇用の10のカテゴリーに類型され、その中で43項目に関して調査が行われている。2016年度の1位は札幌市、2位は京都市、3位は横浜市で神戸は7位にランクインしている。具体的なプロセスとしては、予備調査で日

図1:リバブルシティ:2つのベクトル

本5大都市で10万人のサンプルから抽出された市区町村を対象に、上位254自治体に絞り込んで本調査が行われた。このランキングは4つの中で最も生活者目線に近いものだが、「住んでみたい」自治体ということで那覇市、石垣市、軽井沢町などがトップ10にランクインしているのが特徴的である。

都市間競争ランキングから考えるリバブルシティ

リバブルシティやQOLランキングは、どのように活用が可能なのだろうか。まず、対象とした4つのランキングには大きく分けると2つの傾向がみられる。1つは、エコノミスト誌やMercerの2つのランキングは世界的な都市間の競争力をはかる代表的な指標として、都市プロモーションや外に向けた都市戦略としてのリバブルシティを考えるのに役立つと考えられる。一方、Monocleや日経BP総合研究所のランキングは、より生活者目線で住むことや生活の質からリバブルシティを考えるのに役立つ。

このように、リバブルシティのランキングは個々に特徴を持っており、「外に向けたリバブルシティ戦略」は、自治体の広報や都市戦略、政策の目標を設定するためなど、大いに利活用可能であると考えられる。一方で、「生活の質から考えるリバブルシティ」は不動産、デベロッパーなどの民間企業から市民まで、活用の可能性は大きい(図1)。特に縮退の進む成熟した日本の都市においては、今までの右肩上がり・開発志向の都市戦略ではなく、リバビリティ(住みやすさ)QOL(生活の質)をどのように高めることができるかに真剣に取り組むことで新しい価値を生み出すことができる。特にMonocleのランキングで日本の都市が上位にランクインしているように、コンパクトで成熟した日本の都市の資源の活かし方に大きな可能性があるといえる。現時点ではまだリバブルシティやQOLに注視した指標は少ないが、都市戦略というトップダウンからの視点と、生活の質というボトムアップの視点の双方向からリバブルシティについて考え、その地域に固有の解決方法を探求することが今後強く求められていくだろう。

リバブルシティをつくる

それでは、どのようにリバブルシティをつくるのだろうか?「リバブルシティをつくる」構想の元になっているのはこの問いかけである。前述のように、世界には多くの都市の評価やランキングが存在するが、その指標や

第1章 リバブルシティのビジョンとアプローチ

評価軸に沿って分野別の取り組みを進めることと別に、場所や空間像と結びつけながらリバビリティを考えることが必要だと考えた。単純化された指標ではあるが、(図2)に示すように6つの分かりやすい指標を設定してみた。にぎわいのある都市（歩きやすい都市、快適な密度）、健康的な都市（多世代の市民が多様な健康活動やスポーツに取り組むことができる）、安全安心な都市（防災減災など）、文化的・社会的な都市（より豊かな文化的活動と人やコミュニティなど社会的な活動の場）、生態的な都市（都市環境の質や都市内の自然）、質の高い都市の体験（商業や娯楽、観光）の6つをリバブルシティの指標と考え、第1章〜3章までの事例や取り組みについても簡単な評価をしたものを示している。

次に、「リバブリシティをつくる」ためには何から取り組むべきか、そのアプローチについて本書では示している。私見になるが、都市内で最も「住みやすさ」を実感できるのはパブリックスペースであろう。そこに住む誰でもアクセスすることができ、多くの人が交流する場所だからである。都市内で人々が住みやすく健康な生活を送るためには、パブリックスペースの機能と質を高め、多世代が多様な使い方を選択可能にすることが、都市の住みやすさを高めるための一つのアプローチであると考えた。2015年の国際シンポジウム「Livable Cityをつくる—Public Spaceデザインからの都市戦略」ではニューヨークの都市デザイン行政担当者とパブリックスペースのデザイナーを、2016年の国際シンポジウムでは「Livable CityをつくるⅡ—都市戦略と生活の質から考える」ではメルボルン市の都市リサーチの専門家とパブリックスペースのデザイナーを招き、都市戦略と空間を結びつけながら議論を進めた。今世界中の都市では、パブリックスペースへの関心が高まっている。その対象は公園、広場、街路、空地や自然空間まで広く、また道路空間に暫定的に創出されたパークレットやサマーストリートのような新しい取り組みも見られる。第2章では、パブリックスペースデザインからリバブルシティを考えることを目指し、多様な事例を取り上げた。

狭義のパブリックスペースは単に屋外の公共空間を指すが、これを応用して考えると例えば建物の共用部や集合住宅・オフィスの共有空間、住宅地内の共有空間、学校や図書館のコモンズからシェアオフィスまで世の中にはパブリックスペースのような空間に溢れている。空間を通じて人と交流し、新しい価値を創り上げるような社会に緩やかに移行する流れを感じる方も多いだろう。本書は「リバブルシティのつくり方」に関して全て網羅しきれていない。しかし、本書を通じて行政、デザイナー、市民などあらゆる人が「リバブルシティをつくる」について考え、行動するきっかけとなれば大変嬉しい。

図2：Livable Cityの指標（著者作成）

参考文献

1) http://www.dictionary.com/browse/livable
2) マティアス・シューラー、福岡孝則：クライメイトデザインから発想する環境デザイン、建築雑誌 Vol.129 No.1654、日本建築学会（2014）
3) 福岡孝則、海外で建築を仕事にする2　都市・ランドスケープ編、学芸出版社（2015）
4) 槻橋修、福岡孝則、有岡三恵（担当編集）：住むことから考えるパブリックスペース、建築雑誌 Vol.130 No.1676、日本建築学会（2015）
5) The Economist Intelligence Unit. 2016. A Summary of the Liveability Ranking and Overview. August 2016.
http://pages.eiu.com/rs/783-XMC-194/images/Liveability_August2016.pdf
6) MARSH & McLENNAN COMPANIES. 2016. 2016 Quality of Living Rankings.
https://www.imercer.com/content/mobility/quality-of-living-city-rankings.html#list
7) MONOCLE. 2016. The ups and downs of our annual global ranking covering the world's most liveable cities – who's in and who's out?.
https://monocle.com/film/affairs/top-25-cities-2016/
8) 日経BP社：新・公民連携最前線. 2016. シティブランド・ランキング - 住んでみたい自治体編 -.
http://www.nikkeibp.co.jp/atcl/tk/PPP/101100049/102400002/

福岡孝則 [Takanori Fukuoka]

[神戸大学大学院工学研究科建築学専攻 持続的住環境創成講座（積水ハウス）特命准教授 / Fd Landscape 主宰]

1974年神奈川県藤沢市生まれ。ペンシルバニア大学芸術系大学院ランドスケープ専攻修了。米国・ドイツの設計コンサルに所属し、北米や中東・アジア・オーストラリアなど世界7カ国15都市のランドスケープ・都市デザインプロジェクトを担当。作品にコートヤードHIROO〈グッドデザイン賞〉ほか、編著に「海外で建築を仕事にする―都市・ランドスケープ編」（学芸出版社）。水を活かした持続的な都市環境デザイン、グリーンインフラに関する論考多数。立命館大学理工学部、京都造形芸術大学非常勤講師。

■ニューヨーク市の Livable City 戦略：
パブリックスペースからはじめよう！

ジェフリー・シューメーカー　　Jeffrey Shumaker
ニューヨーク市都市計画局　都市デザイン・ディレクター / チーフ都市デザイナー

今日は私たちニューヨーク市の取り組みを皆様に共有したいと思います。まず、私が働いているニューヨーク市都市計画局の都市デザイン室に関してお話しします。都市デザイン室は1967年に一度作られました。その後15年経って、ニューヨークの恐慌の影響などで一度閉じられたのですが、2007年に、アマンダ・バーデンという都市計画局長がブルームバーグ市政の時に再設しました。私は民間の企業に勤めていたのですが、現在は都市デザイン室のディレクターを担当しています。

私たちは、都市デザイン室の中のオフィスのついたてを全部取り払い、オープンな部屋をつくりました。真ん中に大きな机があり、ここでワークショップや会議やディスカッションをします（写真1）。小さなグループですが、ランドスケープ、建築、アーバンデザインの専門家たちが集まっており、私たちが司令塔となって他の部局と連携しながらニューヨーク市の都市計画や様々なプロジェクトを展開しています。ニューヨーク市都市計画局に在籍している300名ほどの職員の内、私たち都市デザイン室は6名が常勤のスタッフです（図1）。その他に非常勤の職員、研究員、そしてニューヨーク各地区に都市デザインに関連する職員が30名から40名で都市デザイン室をマネジメントしています。

「アーバンデザインとは何か？」という問いにはたくさんの答えがあると思います。最初に、ニューヨークの都市デザインに影響を与えた重要人物3名をご紹介します。1人目はロバート・モーゼスという人です。彼はニューヨークの人口が爆発的に増加し成長している時に、巨大なインフラ整備や住宅政策など、非常に大きな政策を持ち込んだ人です。彼に対しては多くの批判が集まりますが、国連の誘致など非常に大きな功績を残している人です。2人目にご紹介するのがジェイン・ジェイコブズです。彼女は都市計画家でも政治家でもデザイナーでもなく、都市に非常に興味のある市民です。『アメリカ大都市の死と生』という有名な本を出していますが、ボトムアップの象徴のような人です。ニューヨークの公共領域の中でも特にストリート、歩行者空間や道路で様々な人たちが交じり合って、そこで社会的な活動をする場所が大事だと主張し、多くの人に影響を与えました。都市デザインは空中から俯瞰的に都市を見て、地面を歩かないイメージがありますが、彼女は地面に立った視点で都市をもう一度考えていく重要性を教えてくれました。3人目はフレデリック・ロー・オルムステッドです。アメリカのランドスケープの父と言われている人ですが、彼はセントラルパークやブルックリンのプロスペクトパークなど、アメリカ中の公園をデザインした人として知られています。彼は、公園だけではなく、公園と公園の間を繋いでネットワークを作る、「パークウェイ」という概念が重要だと言いました。都市の形態の中で連関したオープンスペースがどのようにフレームワークとして作用するかということを最初に構想した偉大な人です。

次に、元ニューヨーク市長ブルームバーグについてお話しします。ニューヨークは市長が代わるごとに、それぞれの市長がニューヨーク市のこれからのビジョンを発表するのですが、彼が市長に選ばれた時に出した「PLAN NYC」という成長戦略の中では、成長し続けながら持続可能なニューヨークを作るということが反映されています。そして去年、私たちの市長がビル・デブラシオに代わり、カール・ワイスブロッドという人が新しい都市計画局長になりました。ここで私たちは「ONE NYC」という新しいビジョンを打ち出しました（写真2）。ブルームバーグ市政のレガシーは引き継いで

写真1：ニューヨーク市都市計画局の仕事の風景　©NYC DCP

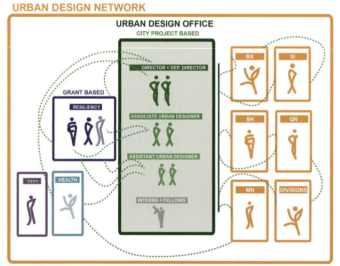

図1：ニューヨーク市都市デザイン室の組織図　©NYC DCP

いるのですが、彼がキャンペーンの中で重要だと打ち出してきたものは4つあります。1つは成長（Growth）、これはブルームバーグ市政から変わりません。2つ目は公平性（Equity）、すなわち全ての人に平等の権利があるということ、3つ目は前市政から引き継ぐ持続可能性（Sustainability）、最後にレジリエンシー（Resiliency）です。これはニューヨークがハリケーンサンディーで甚大な被害を受けた事からきています。このような新しいアジェンダを入れながら、市民も行政もたくさんの人を呼び込んで、新しい参加型の市政を作る事を強く打ち出しています。この「ONE NYC」に反映されている、成長を続け、ニューヨークが生き生きとした活力のある競争力を持つには住宅が鍵となります。住宅政策においては、低所得者層やニューヨーク市内のマンハッタンに住めない人に住宅をどのように供給するかが重要です。ここでは、20万戸の住宅を供給する目標を打ち出しています。

次に、もう一度私たちが行政の都市デザイン室の職員として何ができるかということについて考えていきたいと思います。先ほどお話ししたのは、ニューヨーク市民全体が共有するビジョンですが、それに対して各部局がやらなければいけないことがあります。私たちはプロジェクトを視覚化し、コミュニケーションを通じて共有しながら展開していくことを心掛けています。また、私たちは都市デザインの質を大切に考えています。デザインの質はもちろんのこと、ニューヨークに住む生活の質を考えるには多世代の参加が必要です。彼らの意見や需要をどのようにデザインの中に還元するかというのが私たちのチャレンジです。

次に、ニューヨークの歩行者空間についてお話しします。歩行者空間は交通局の管轄であり、ほとんどの人はこれを二次元的な平面図で考えます。それに対して私たち都市デザイナーは、この空間を屋外の立体的な部屋と捉え、さらに4つの空間に分解します。まずは地面。地面にはインフラや植栽帯があり、歩道には照明灯があります。2つ目の道路側は街路樹が植わっていて、標識があります。3つ目の屋根の部分はキャノピーがあります。そして最後に私たちが最も大事にしているのが建物のファサード部分です。4つに分解したそれぞれの空間要素は、市の中でも非常に多くの管轄にまたがりますが、それを一体的な空間として考えるようにしています。

ウォーターフロントの再整備もブルームバーグ市政の遺産の1つです。ニューヨークでは港湾局がウォーターフロントを管轄しており、倉庫があり、人がなかなかアクセスできませんでした。しかし、この10年から15年の間にこうしたウォーターフロントは次々にウォーターフロントパークや公共空間として整備されてきました。それぞれが違う表情や性格をもっている、そんなウォーターフロントのプロジェクトを進めてきました（写真3）。

次に、ニューヨークで私が取り組んでいるものは、街区の中の小さな公園やパブリックスペースです。市街地の中にはこのようなPOPS（Privately Owned Public Space）と呼ばれている公開空地がたくさんあります。ニューヨーク市には多くの民有のパブリックスペースが存在します。1960年にできた公開空地の制度は公開空地をつくることによって容積をあげたのですが、質が定められていなかったのが問題でした。そのため、ニューヨークでは未利用で誰も使えないような公開空地がたくさんできてしまいました。そこで私たちは、2007年と2009年に敷地の規模や建物の配置、建物の向き、どれくらい日射が入ってくるか、レベル差、植栽と舗装をしているところの配分、固定式と可動式ファニチャーの配分、それから背もたれのある椅子と背もたれのない椅子の配分、などの公開空地のデザインに対する新しいガイドラインをつくりました。

次に、ニューヨークの暫定的なパブリックスペースについてお話しします。これは交通局が管轄している暫定的な広場です。交通局がこうした道路空間や道路と道路の間の暫定的な空間をパブリックスペースとして使うプログラムがあります。申請の仕方は、まず、ニューヨーク市に対して

写真2：One New York　©NYC DCP

写真3：ブルームバーグ市政のレガシーの1つ、再整備されたウォーターフロント　©NYC DCP

　NPOのパートナーが自分たちでアライアンスをつくって市に申請します。市にもこうした広場の雛形のようなものはありますが、彼らはデザイナーや建築家を雇ってデザインをすることもできます。初期の建設費用は市が負担しますが、パートナー、すなわち申請者は、永久的に管理することを約束します。こうしたプログラムが最近でき、結果として暫定的なパブリックスペースが多く展開されています。ニューヨークの交通局は定量的にデータを集めるのが上手です。この広場をつくったあとに、彼らはその周辺の街区、商業施設の売り上げがどれくらい上がったか、人の滞留時間など様々なものをチェックしてモニタリングを続けています。その積み重ねが交通局の新しいデータになっています。ただ、問題や周辺の住民からの苦情がある場合は、コミュニティのミーティングを開いて調停しますが、今までに撤去するという事例はほとんどありません。オープンすると周辺の人たちはこれを喜んで使い、無いと寂しいと感じるような、素晴らしいプログラムになりました。

　続いてお話しするのはパークレットに関してです。これは道路で縦列駐車の場所を暫定的に利用し、公園のように利用するということでパークレットと呼ばれてます。これは交通局が展開しているプログラムですが、どのように作るかという仕組みに関してお話ししたいと思います。まず、パークレットを作りたい人、例えばお店の人たちがつくっている組合や、エリアマネジメントをしている主体がニューヨーク市に申請します。このプロセスでニューヨーク市から認可をとる必要があります。そしてニューヨーク市から認可をとった後、周辺街区のコミュニティボードという自治会のような機関から指示をうけます。それに対するデザインのオプションは3つあります。1つ目はデザイナーを雇ってデザインをするというものです。デッキをひいて、道路と歩行者空間の間に壁を作っていくものが多いです。2つ目は交通局のもっている雛形のデザインを使って作る方法です。3つ目は動かせる椅子やプランターのような可変的な要素でつくって初期費用を必要としないものがあります。市はそのようなデザイン提案に対して、初期費用を負担しますが、管理コストは申請者が負担する仕組みです。

　次はサマーストリートという、比較的新しいプログラムについてお話しします。これは夏の間、道路における車の交通を2〜3週間排除して歩行者のために開放する仕組みです。

　もともと路地空間、道路空間は子供の遊び場でしたが、今はこうした街区内の道路空間を暫定的な遊び場に変える取り組みがアメリカ中で行われています。長い歩行者空間をサマーストリートに変え、この中でダンスやヨガをしたり、インスタレーション、アートが繰り広げられたり、パフォーマンスをしたりと、様々なアクティビティが毎年同じではなく少しずつ違う形で展開しているのが非常に面白いです。このような試みは明日からでもできますので、是非皆さんも持ち帰って何かできないか考えて頂きたいと思います。これはニューヨークのオリジナルなアイデアではなく、コロンビアのボゴタに行った時に見てニューヨークでもできるのではと思い、始めたプログラムです。

　次にお話しするのは暫定的な広場の事例です。開発案件があるときに、開発がはじまる前に人を集めてしまおうということです。ハイラインの近くの暫定的な広場としてつくられた空間には、アイススケートリンクをつけた事例があります。ブルックリンの暫定的な空地利用では、撤去する時に壊さないでほしいという話がたくさん出るくらい成功しました。開発業者はしたたかですので、こういう知見を活かして暫定的、可変的な利用をしていた空間のタイポロジーを設計に応用して新しい価値をつくります。このように開発業者もどんどん進化していきます。また、1960年代につくられたニューヨークのゾーニングは現代に合わないので、開発業者からの様々な要望に応じ、一階部分の天井の高さを少し高くし、容積の緩和を行いまし

た。分節をしたり、現代に合うように緩和をしつつ、新しいフレームワークをつくるようにゾーニングの改変をしていきます。ここでは、それぞれの地区や街区で多様な特色があるということを重要視しています。住宅や健康、レクリエーション、商業など多部局間連携で街区ごとにそれぞれどういうことを改善していくのかをニューヨークとして取り組むようにしています。これが新しい市政になってからの特徴です。

次にハイラインについてお話しします。私たちが都市計画として重要視しているのは、個々の街区を貫通するパブリックスペースです。ハイラインは、ロバート・モーゼスが30年代に交通渋滞を緩和するために貨物線を高架にしました。そして、80年代に機能が停止しましたが、民間の土地の上に乗っている貨物線ですので、開発のために、すぐ撤去する手続きが取られました。ここでジョシュア・デイヴィッドとロバート・ハモンドという2人の市民が登場します。2人は現代のジェイン・ジェイコブズとも言われていますが、一般の市民です。2人が地元の住民集会で偶然出会い、ハイラインには価値があることを共有しました。それから地道なNPO活動を続け、「フレンズオブハイライン」というNPOを作ります。それが国際コンペになり、ブルームバーグ市長やヒラリー・クリントンにも注目され、ハイラインというかたちが次第に作られていきました。私たち都市計画局の仕事としては、ハイラインの空中権を守るようにしました。ハイラインの上を開発できない代わりに、横の敷地を持っている所有者が、10番街と11番通りの間に面したところは容積を緩和し、そこに開発権を売ることができるという、開発権の移転制度をこの地区に適用しました。こうして新しい開発を呼び込んでいるのですが、同時にハイライン周辺の街区はギャラリーがあったり、小さい画商がいますので、そこはゾーニングの縛りをかけて、開発ができないようになっています。ニューヨークではSOHOという例がありましたが、開発が起きると今まで街区がもっていた性格が失われ、全てが経済の効率で動いて、人が住めなくなってしまいます。ハイラインではそれを防ぐために、できるだけその土地が持っていた、アーティスティックな街区の雰囲気を残すように配慮してゾーニングを行いました（図2,3）。当初の入場者の見込みは年間50万人でしたが、オープン後は600万人が訪れました。ニューヨークで、今最も観光客が集まる場所となっています（写真3,4）。夏は、観光客や地元の人で混み合っています。また、ゲーリーやジャン・ヌーヴェル、坂茂などの世界中の建築家が競ってハイラインの近くに新しい建物を建てている、それが面白い現象だと思います。現在私はハイラインの最終工区で、ハドソンヤードというニューヨークで最後の大規模開発をする土地を担当しています。その他のパブリックスペースとしては、ニューヨークの最北端の、貧困地区と言われて

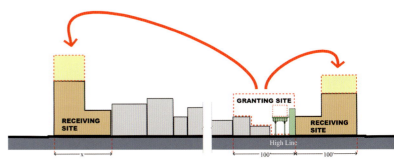

図2：ハイライン開発街区の開発権移転の仕組み　©NYC DCP

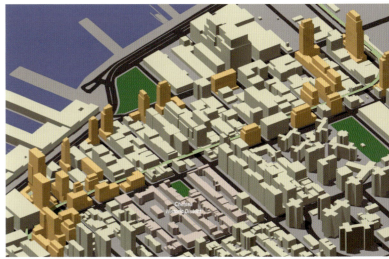

図3：ハイライン周辺街区の変容。ハイライン建設直後（上）と2013年時点（下）（オレンジ色は新規開発を示す）　©NYC DCP

写真3：ハイライン　©NYC DCP

いるブロンクスで、コミュニティ・ミーティングを行いました。このようなワークショップには、都市計画課の職員が必ず行ってファシリテーターとして仕事をしています。最近のニューヨーク市の中ではこのようなプロセスを重要視しています。

次に、交通局が取り組んでいる「under the elevated（高架の下という意味のプロジェクト）」についてお話しします。ニューヨークには、鉄道の高架や高速道路など、未利用地がたくさんあります。ニューヨーク市の交通局が、この未利用地をどうするかをDESIGN TRUSTなどの研究機関と協働してリサーチしています。ブロンクスでは、ハイラインとはまた違った未利用地がたくさんあります。こうした敷地をどのように使っていくか、また、そうした高架の下だけではなく、接続している未利用地についても考えています。ニューヨークの交通局では、駐車場やフェンスで囲まれた、使われていない暗い空間をどうしていくのかということに取り組んでいます。

最後に、ニューヨーク市が住宅政策として進めている、マイクロユニットに関してお話しします。狭小住宅と言うこともできます。ニューヨーク市では、お金を持った人達のためのコンドミニアムや住宅はたくさん建っていますが、成長の原動力になるような若い世代やニューヨーク市にもう一度戻って住みたいという高齢者の世代のような、1人や2人で住みたいという人たちの住む場所がないため、需要に対して供給が全く追いついてない状態です。そこで、そのような人たちのために、どのように住宅を提供するかということを日本やヨーロッパの新しいコンパクトな住み方を勉強しながら取り組んでいます。また、コンパクトに住めば、その分、たくさんの人をニューヨーク市に呼び込むことができ、ニューヨーク市が成長し続けることができます。そのときに、パブリックスペースを整備することで、生活の質を保つことができます。他の国から、コンパクトな住み方とはどういうものかを学びながら、ニューヨークでのコンパクトな住み方はどうあるべきかということを今検討しています。ゾーニング上では、400スクエアフィート以下の住宅を建ててはいけないことになっていますが、私たちがスタディした結果、250まで下げることができることがわかりました。私たちは、ニューヨーク市が所有している土地にこのパイロット住宅を建てています（図4）。彼らは狭いところに住んでいますが、共有する場所を豊かにすることで生活の質を担保することができると考えています。ニューヨーク市が所有している土地では、一階の共有スペースをどう作るか、そうした空間が建物の中で完結せず、既存の歩行者空間やパブリックスペー

写真4：ハイラインの夕景　©NYC DCP

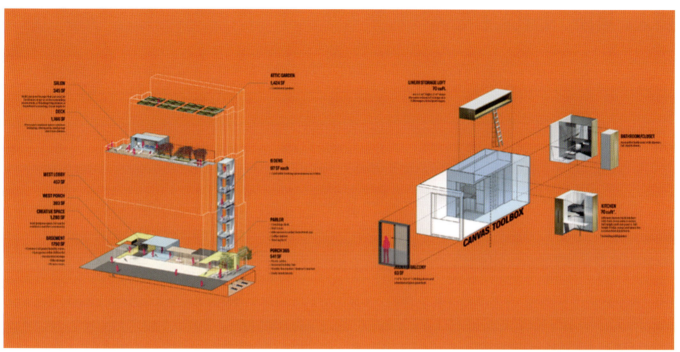

図4：マイクロユニットの構成 n-Architects　©NYC DCP

ス、公開空地と合わせて、どのように共有できるかを重要視しています。こうした考え方をデザインガイドラインとしてまとめました。そして、共有部分の高い質を創成するということを全て、プロポーザルの要項にまとめました。都市デザイン室のスタッフが簡単なスケッチなどを多用しているのは、ビジョンをつくるという私たちの施策に対して、たくさんの建築家やランドスケープアーキテクトに個別のデザインで実現して欲しいと考えているからです。しかし、共有する大きなビジョンは私たちがつくるようにしています。そしてコントロールし過ぎないようにすることも意識しています。また、多くのデベロッパーや建築家に興味をもってもらうために、私たちが取り組んだマイクロユニットという住宅のフルスケールのモックアップを作り、それを展示した中で、ブルームバーグ市長が記者会見を行うという場を設けました。

　記者会見をした次の日の新聞では、お風呂がベッドになっていて、窓からすぐに飛び降りられるなど、マイクロユニットの小ささをあえて"less is more"と批評して皮肉った記事がでました。ニューヨークの人たちは小さいところに住むことに対する抵抗感が強く、またブルームバーグ自身は世界中にたくさんの豪邸を所有しているので、それに対しての批判やジャーナリズムがしっかりしています。私たちがプロポーザルを出してから、ニューヨークのブルックリンにいるn-Architectsという新しい建築家集団とニューヨークのプレハブのメーカーが組んで、工場でユニットを作って積み重ねていく方式で施工が始まりました（写真5）。私たちのガイドラインに従って、アーティストが集まるカルチャースペースや各ユニットの周りにコミュニティ用のシェアスペースがあったりといった非常に面白い案で、それが実際に建設中ですのでとても楽しみです。

　このように、私たちニューヨーク市都市計画局デザイン室では、あらゆるパブリックスペースの質を高めることでリバブルシティをつくる目標に向かっているのです。

写真5：マイクロユニット施工の現場　©NYC DCP

ジェフリー・シューメーカー [Jeffrey Shumaker]

［ニューヨーク市都市計画局都市デザイン・ディレクター／チーフ都市デザイナー］

シューメーカー氏は現在ニューヨーク市都市計画局の(DCP)のチーフ・デザイナー及び都市デザイン・ディレクターをつとめる。ニューヨーク市都市計画局ではニューヨーク市中の質の高いプロジェクトの実行とコニーアイランド、ブルックリン、ハドソンヤードやクイーンズのハンターズ・ポイントなど多様な地区の計画へ関与してきた。シューメーカー氏はまた、ニューヨーク市全域を対象にしたOne NYCなどのプロジェクトに取り組み、ニューヨーク市で最初の歩行者空間デザインマニュアルの作成や複数のアクティブ・デザインガイドラインの作成にも携わってきている。現在はニューヨーク市の低所得者層向けの住宅計画、より質の高いミクスト・ハウジングのための街区の計画・実践に携わっている。シラキュース大学建築学科を最優秀の成績で卒業、マサチューセッツ工科大学で建築及び都市計画・デザインの2つの修士号を取得後、SOMを経て現職。現在までにアメリカ建築協会や都市計画協会から都市デザインの公領域分野でMichael Weil賞など多数の受賞を受ける。現在はシラキュース大学の客員教授として、ニューヨーク市の都市デザインスタジオなどを担当している。

■人、場所、それともモノ？

ジョージーン・セオドア　Georgeen Theodore
ニュージャージー工科大学建築デザイン学部 准教授、Interboro Partners パートナー

　Livable City とは何でしょうか。それは、素晴らしい公共空間や、様々ないいモノで満たされている都市ということでしょうか。多くの公共空間が作られています。私は、こうした空間がすべての人々にとってアクセスできる場所ではないということが問題だと考えています。そうした Livable City の作り方に関して疑問を抱いています。

　Livability、Livable City に関して強調したいことは 2 つあります。1 つ目は使い手の行動の仕方や利用の仕方を変えることです。2 つ目は公共空間へのアクセスをどのようにオープンにしていくのか、ということです。

　私はトビアスとダニエルという同級生のパートナーの 3 人で、建築、都市デザイン、パブリックスペースのデザインに取り組んでいます。今日は私たちがどのようにパブリックスペースにアプローチするかということを様々なスケールでお話しします。

　私は、このパブリックスペースを使う人自身が、どのように公共空間を変えていくかということに興味をもっています。建築家は全部をコントロールすることはできません。ここで日常を過ごす人たちが空間を使い変化させていきます。私たちは、人々がどのようにパブリックスペースを使い、空間が変化していくかを記録しています。そして、記録したものと同時に素材などモノの全体の流れ、循環に注視して活動しています。私たちはパブリックスペースを、非常に不確定で用途がはっきりしない、余白が残ったような場所としてデザインするようにしています。こうした屋外の空間で、人々がどのように自分たちの公共空間を使い込んでいくのか、ということに興味をもっています。

　ニューヨークでは高齢化が社会問題になっていますが、アジアでも高齢化が起こっています。このように現代社会で起きていることを細かく記述して観察し、それを何かデザインのソースにすることが大切です。

　まずはショッピングモール以外何も無い郊外の事例についてお話しします。本当に誰も人がいないショッピングモールですが、よく観察していると小さいビジネスのようなものがそこに存在しています。シャトルバスが走っています。誰も住んでいないこのような場所になぜシャトルバスが走っているのでしょうか。ゴルフカートに乗りながらゴミを集めている人もいました。ホットドッグを売っている人もいます。彼はショッピングモールが衰退して誰も来なくなったのにトラックの運転手たちが集まってくるので、そこに生業を見出しています。また、ニュージャージーにある大きなカジノに行く手前に大きな空地があります。ここに大型バスが駐車されるため、ドライクリーニングのビジネスを始めた人は売り上げが 2 倍にもあがり、バスのチケットも売り始めたそうです。レム・コールハースは非常に高密度な都市の中のパブリックスペースのことをいっていますが、郊外のショッピングモールの中にもパブリックスペースの本質は存在するのではないでしょうか。

　私たちは通常、色々なものを総合的に見るのではなく、それぞれの敷地の状況を尊重し、そこから見えてくるあらゆる状況を観察し、デザインのソースを引き出していきます。

　デザインする時に心がけていることが 2 つあります。1 つ目はできるだけたくさんの"声"を聞くこと。いろんな状況を全て集めて、そうしたものを地元・地域のデザインの知識として蓄えてデザインのソースにするということです。2 つ目は敷地の中だけではなく外も含めて、いろんな人たちに話を聞くことです。建築家や都市計画家は総合的にまとめるような見方しかできません。私たちが大切にしているのは、この場所で起きているおもしろい出来事や状況を、私たちの特別なレンズを通して様々な角度から観察することです。そこにデザインの重要なヒントがあると考えています。

　私たちは暫定的で、可変的なパブリックスペースも含めて、多くの新しい取り組みに挑戦してきました。

　シューメーカー氏の講演の中にあった、暫定的な広場のプロジェクトは、私たちが最初に行ったデザインです。この敷地はデベロッパーが持っている今後コンドミニアムになるであろう敷地です。開発案件が遅れているこ

写真 1：LENT SPACE 暫定的なパブリックスペース　©Interboro Partners

写真2：ベネチア・ビエンナーレ出展作品「コモン・プレイス」
©Interboro Partners

第1章　リバブルシティのビジョンとアプローチ

ともあり、この土地をニューヨークの文化的NPO組織が借り、彫刻を展示したのがプロジェクトの始まりでした。そこに私たちは建築家として参画し、デザインを提案しました。

デザインでは3つの要素を重視しました。1つ目はナーサリー（圃場）ということ。ニューヨークにこれから街路樹に植える間の木を借りてきてここに植えるということです。普段は圃場に植えられているものを都市の中に一時的に借りて使っている場所もあります。2つ目は人々が交流できるような場所、コンテナのようなものを使って様々なアクティビティが展開される場所があります。3つ目はフェンスです。これはデベロッパーから要求があったものです。私たちは夜間利用のリスクを軽減するため、フェンスを作るように求められました。そこで、このフェンスをもっと創造的に考え、フェンスに家具の機能を加えることで解決を図りました。このフェンスは可動式なので、利用者が動かすことによって、少し濃密な会話をする場所を作ったりと、様々なパターンの空間をつくることができます（写真1）。

その後、私たちはいろいろなプロジェクトに招待されるようになるのですが、今までアクセスがなかった空地へのアクセスをどのように作るか、一般的なパブリックスペースを作るプロセスと異なる創造的なプロセスをどうやってデザインするかということについてずっと考え続けてきました。

これは、デイビット・チッパーフィールドがディレクターをしていた年のベネチア・ビエンナーレに、私たちが出展した「コモン・プレイス」という作品です。非常に小さく、予算も少ない空間ですが、少ないエレメントで、どのようにして使い手たちがこの空間を変えていくかというところに注目した作品です（写真2）。ベネチアは「水の都」ですが、水位変化があるので、基本的なサイドウォーク、サイドストリートなどのシステムを利用して、人が歩けるようなスペースを確保しています。低予算だったので、ベネチアの既存の都市のシステムの中に存在するエレメントを使って、都市の中にパブリックスペースを埋め込むことによって予算を確保しました。エレメントである赤いゴム製のベンチは、プロジェクトが終わった後に子供の遊び場や市に寄付をしました。これは私たちがこだわっていることの1つです。市が持っている物を借りたり、展覧会が終わった後に展示されていたエレメントを子供たちの遊び場に寄付したりという全体の循環もデザインしています。

続いてハリケーン・サンディーの後につくった可変的なパブリックスペースについてお話しします。ここでも私たちは同様の取り組みをしました。プランターにリサイクル材を使っています。また、土はニューヨークの公園局から借りたもので、木は公園局が持っている圃場にある街路樹のストックを一時的にこの敷地に置かせてもらいました。すべて借り物で作ったパブリックスペースです（写真3）。

シューメーカー氏が説明していたパークレットという、縦列駐車をする場所に小さな公園のようなものをつくるプロジェクトは、今アメリカ中で注目されています（写真4）。お店の前にこうしたパークレットが作られると、

写真3：ハリケーンサンディー後に創出した暫定的なパブリックスペース　©Interboro Partners

写真4：ボストン市内道路空間に暫定的なパブリックスペース、パークレット　©Interboro Partners

どうしてもそのお店のお客でないと使ってはいけない、といった印象を受けます。しかし、これはニューヨーク市民のためのインフラストラクチャーなので、私たちは違ったアプローチを行いました。ボストンではプラスチックのレゴのブロックのようなものに、水を張って歩道と車道の間に暫定的なバリケードを作ります。これは日本でいうガードレールのようなものですが、こうした既存のエレメントを応用して、1つのプロトタイプをデザインし、それをいろいろな形に組み合わせることができるものを提案しました。こうしたものが暫定的ですが、市民のためのパブリックスペースだということ、インフラであるということを認識させることが重要です。

いくつかのプロジェクトをお見せしましたが、次は「MoMA-PS1」というMoMAの分棟で行った私たちの展覧会についてお話しします。これは、ニューヨーク近代美術館が毎年一人だけ建築家を選んで展開する、美術館横のコートヤードでインスタレーションを行うプログラムです（写真5）。この美術館には、毎年夏に6000人が訪れます。私たちは、サーペンタインやMoMAで展覧会、暫定的なインスタレーションを開催した際、色々な建築家が面白いものを提案しますが、その後は、全てごみになってしまい、結局は捨ててしまうという点に疑問をもちました。こうしたごみにならないようなインスタレーションのプロセスをどうやってデザインできるかに注目しました。ニューヨークには、クイーンズという今一番様々な面白いことが起きている地区がMoMAの別館として存在しています。敷地は非常に高いコンクリート製の壁で囲まれており、周辺にはまだ工場、倉庫といった、錆びた建物が多くある場所です。

私たちはプロジェクトを始めるときに、敷地周辺をぶらぶらして、色々なものを観察するのですが、ここで非常に面白い発見がありました。MoMA PS1を訪れる人は大抵、タクシーで来るのですが、この運転手が暇な時間に休憩をしているのです。彼らは勝手にプラスチック製のイスと植栽を持ってきて、その上に日除けのシェードを作っていました。こうした自然の需要から存在しているものが、MoMA PS1で求められているものとオーバーラップすることがわかりました。そこで私たちは、MoMA PS1の周りにいる色々な世代の人たちに、ここで何が必要なのかと話を聞きました。近隣住民が欲しいものを、展覧会が終わった後にあげる、というプロセスをデザインしたのです。お年寄りは座るベンチ、子供たちはよじ登れるようなクライミング・ウォール、エリック・デイガンというバレエ学校の校長は「もっと鏡が欲しい」と言いました。その結果、私たちのクライアントはニューヨークのMoMAですが、種類の異なる50ものクライアントを見つけ、それぞれどういうものがこの地域に求められているのか、ということを把握することができました。もちろん、すべてのアイデアが素晴らしいものではないため、私たちは様々な人から聞いた50のアイデアの評

写真5：MoMA PS1におけるインスタレーション　©Interboro Partners

価軸を考えました。そして50のアイデアの中で選び抜いたものを更に抽象化し、整理し、類型化して、エレメントの構成要素としてまとめていきました。また、それぞれのインスタレーションで使われた各エレメントの、インスタレーションが終わった後の行き先を示しているチャートを作成しました。各エレメントは全て一夏の間だけコートヤードの中に集められ、空間を作ります。既存の壁の中にニューヨーク市のナーサリーから持ち寄った様々な木を植え、藁で出来たベンチと、土をかぶせ、木の部屋を作りました。都会の真ん中ではありましたが、土や藁の香りによって、全く異なる雰囲気の場所を作り出しました。それぞれの樹木についているタグには、樹木がどこに行くかが書いてあります。例えば駐車場の脇や、インスタレーションが終わったあとに欲しいと最初に言ったおじさんのところ等です。ツリールームの少し上の部屋が鏡の部屋です。先ほどお話しした、バレエ学校の校長であるエリック・デイガンは、彼の学校が成功しており、様々なところに事業を拡大したいので鏡が欲しいと言っていたので、私たちは鏡を手に入れて、コートヤードの中に置きました。様々な人が来て色々な使い方をしますが、中にはミニマリスト的な使い方をされている例もありました。MoMAにはニューヨーク市のアートが好きな人やモデルが多く来ますが、こういった鏡はスナップショットを撮るために非常に人気が出ました。バレエ学校の生徒たちが夏に来て、この場所で様々なパフォーマンスをやりました。その後、私たちがインスタレーションで使った鏡はバレエ学校に行きました。

ニューヨークでは「アイアンシェフ（料理の鉄人）」という番組が日本から輸入されて放映されていますが、限られた材料や限られた時間、多くの聴衆がいる中で、彼らはなにかアウトプットを出します。これからの建築家は、料理の鉄人のような能力が求められているのではないかと思います。

私たちはシェードもデザインしました。これは建物に対して自立しています。様々なアクティビティが可能な卓球台や自転車スタンド、ライフガードのスタンドなどの多様なファニチャーがこの下でたくさん展開されました。卓球台はタクシードライバーが欲しがったので、インスタレーションが終わった後、彼らの休憩所の近くに置きました。サッカーのゲームは高校に、クライミング・ウォールは子供たちが使う近くのジムに寄贈しました。チェスボードはお年寄りが住んでいる高齢者住宅にもって行きました。美術館ではそれぞれのエレメントがどのような意味を持っていて、どこから来て、これからどこへ行くのかをきちんと説明しています。

私たちはこの一連の流れを、「なぜこのような活動をして、どのようなクライアントがいて、これからどこへ行くのか」というストーリーにまとめ、新聞にして発行しました。

この過程で私たちは非常に面白いことを発見しました。MoMAの別館

はもともと美術に興味を持っているアーティストやモデルが来る場所でしたが、人生で一度も美術館に行ったことのない子供やお年寄りやタクシードライバーといった人たちが美術館を訪れ、混じり合うような場所をデザインすることができました。物の交換だけではなく、この地域で提案した人それぞれに、プログラムを作ってもらいました。バレエのパフォーマンスは、全て私たちがオーガナイズして作っていきました。ニューヨークのアイリッシュセンターのプログラムや自転車を修理するワークショップ、子供達に読み聞かせをするイベント、デイビット・ブルックスのニューヨークの美術館のコレクションをおさめているアーティストが選んだ本を持ってきて子供たちに読ませるイベント、ダンスのワークショップ、スプレーで自画像を描くイベントなどです。スプレーを用いた絵画はよく道路沿いにありますが、こうした人たちがニューヨーク近代美術館で初めてコートヤードに入ることができました。色々なパブリックが交わる場所を私たちはデザインしました。

コートヤードは、夏は非常に暑いので、私たちは、日射を遮るようなシェードをデザインしました。シェードのデザインに使ったエレメントはロープとランドスケープや園芸に使うような軽い白色のファブリック（布）の2つです。私たちは建築家がよく作る主張が強いオブジェではなく、既存の建物の特徴や高さが持っているものを使って、地面には構造体を立てずにフレキシブルな最低限のシェードを作りました。このコートヤードは様々な高さの建物に囲まれていますが、私たちは、それぞれのエッジと点を結びつけたらどんなストラクチャーになるかを考えました。

MoMA PS1はきちんと計画されずに様々な状態によって付け足されたり、非常に変な形をしている建物です。隣接する道がMoMA PS1に対して、すごく可愛らしい角度でついています。ある隣接する建物はもともと学校でしたがリノベーション前のものが使われています。90年代にMoMAを所有していた人たちは敷地を壁で覆うことが良いと考えていました。ここで、私たちはコンクリートの壁の一番上に配筋の穴が38個空いていることを発見しました。まず、38個の壁の上の穴と、この建物の一番上の部分を結びつけて、軽量なロープで屋根を作ることを考えました。ここは一般の方の街区ですので、この上にロープがかかることは好ましくありません。そのため、私たちは反対側の建物にひっかけました。その結果、屋根のジオメトリーや建物のボリューム、配置によって、非常に興味深い形ができました。アルゴリズムや恣意的なもので作られたのではなく、ただ建物の端部を繋げるだけでジオメトリーができているところが気に入ってます。建物の構造体には触れてはならないので、ただ一本の線が様々に形を変えて屋根を作っています。右側に小さな穴がありますが、コンクリートの壁に常設的に何かをつけることは許可されなかったので、この穴を使って棒を差し込み、屋根のシェードの端部を引っ掛けました。外側から見るとどういう風に接続されているかがわかります。

最後にご紹介するプロジェクトはLiving with the Bayというプロジェクトです。ニューヨーク市のナッサウという場所を対象にした「Rebuild by Design」という国際コンペで選ばれた案の一つです（図1）。このために国際的なチームを作り上げました。ナッサウはニューヨーク市のロングアイランドに面した郊外型の街です。ここはもともと農地だったのですが、宅地開発されたときに、ロバート・モーゼスという人が高速道路を通したため、郊外のスプロール化が起きました。このような郊外型の単身者住宅開発が進められています。ここには住宅地開発が進んで、第一世代の人たちが高齢化した後にまた違う国の移民が入ってきて、多世代で多様な人たちが住んでいます。今、この既存のストックを未来に向けてどのように活かしていくかが課題になっています。ナッサウ沿岸地域において、重要な2つの課題のうちの1つは、この場所が低平地であり、非常に脆弱な土地であるという点です。約2mの海面上昇を想定した場合、この地域は水没してしまいます。また、ハリケーンや津波、高波、高潮に対しても脆弱です。同時に川が増水すると、川の氾濫によって二重に災害をうけてしまいます。このエリアは、ほとんど舗装されているので、豪雨の時にはこの地域に水が流れ込み、脆弱な土地の真ん中にたくさん水が入ってきて、氾濫がおきます。ちょうど昨日の大阪のような感じです。ナッサウはハリケーンサンディーによって被害を受けたエリアです。2つ目の課題は、政治的に管轄が分かれている小さい町がたくさんあり、政治的な利権が複雑に絡んでいるということです。このような地域を、より広域の色々な小さい市町村を束ねたような地域間で連携して解決しなくてはいけないのですが、ニューヨーク市の直轄で出される命令のようなものはほとんど機能しないということです。私たちは現在、地域間の連携をすすめることで新しいタイプの地域デザインを行っています。ハリケーンサンディーの災害の復興には、通常は復興の予算がそれぞれの自治体に細かく振り分けられます。ここではアメリカ連邦政府の住宅都市開発省と、オランダからディレクターを呼んで、国のお金と、ロックフェラー財団からの寄付で国際デザインコンペを開きました。このコンペは、デザインチームと実際に被災した自治体にお金が支給され、実現することを目的としたユニークなコンペです。このコンペの勝者である私たちは、10の異なるチームからなるデザインチームで、時間をかけて敷地のリサーチをし、住民ともワークショップをして、このようなデザインを導き出しました。私たちのチームは、この地域で何が一番求められているかということを判断しました。これがニュー

図1：Rebuild by Design 減災デザインのコンペ案　©Interboro Partners

ヨークの中心部であったら高密度化が進んでいるので、海面上昇等の災害に対して防御するという考え方になりますが、ここは郊外型で低層住宅地であり、人口もまばらなところなので、こういった空間をどのようにしてフィット（適性化）させるかということが課題でした。ここで私たちが取り組んでいることは、これまで話していたことと同じです。この地域の衰退しつつある住宅地の生活の質を高めるために、パブリックスペースの質を包括的に高めることが私たちのここでのアプローチです。非常時の災害に対して空間の質を高めると同時に、日常の生活で非常時に使うための緩衝帯や緑地を使えるようにデザインしています。10年、100年に1回しかない災害の復興という機会を使って、この地域の強靭さ、しなやかさを取り戻すと同時に、この地区や街区、生活の質、パブリックスペースなどを同時に高めることが私たちに突き付けられた課題です。

パブリックスペースには、こうしてバラバラになっている住宅地や、様々なものを統合的に束ねる役割があるのではないかと思います。ここは郊外なので非常にたくさんの自然があると思うかもしれませんが、多世代で多様な人たちが住んでいる場所の割には、パブリックスペースが足りません。

最後に私がお伝えしたいことは、「なぜ建築家は様々な人の行動を観察したり、ジャーナルをつくったり、ビジュアルにしたりするのか」ということです。都市を様々なレベルで読むということを通じて、パブリックスペースを構成する機能や成分、利活用の無限大の可能性を探り、統合するプロセスから場所をつくり上げる力こそが、これからの建築家の役割だと考えています。

ジョージーン・セオドア [Georgeen Theodore]

[ニュージャージー工科大学建築デザイン学部 准教授、Interboro パートナー]
セオドア氏は建築家、都市デザイナーでニュージャージー工科大学建築デザイン学部の准教授とインフラストラクチャー計画プログラムのディレクターを兼任する。ライス大学建築学科を卒業後、ハーバード大学GSD建築及び都市デザイン修士課程を最優秀の成績で修了。セオドア氏はニューヨーク市内を拠点に建築、都市デザイン、ランドスケープの領域横断デザイン組織Interboroの創設パートナーとして都市環境デザインプロジェクトを手がける。IntreboroはMoMA PS1若手建築家プログラム、アメリカ建築家協会ニューヨーク支部若手奨励賞など受賞多数。また、Interboroはハリケーン・サンディーからの復興デザインプロジェクト「Rebuild By Design」にも選定され、全米で最も注目を浴びるパブリックスペース・デザイナーの一人である。

■メルボルン市のリバブルシティ戦略と都市ランキング
―スマートでリバブルな未来の都市創成に向けて―

オースティン・レイ　Austin Ley
元メルボルン市　スマートシティオフィス・プラクティスリーダー , Planning for Change

世界一住みやすい都市メルボルン

今日はメルボルン市を「世界で一番住みやすい都市」にするまでの歴史を、行政の立場からご紹介します。私が 21 年前にメルボルン市で働き始めた頃、メルボルン市は既に世界で一番の Livable City でした。それから今日まで世界で一番の Livable City の座を保ってきました。私が 21 年間メルボルン市の行政の職員として働いてきた中で、どのような取り組みを行って、このランキングを維持してきたかをお話しします。

メルボルンの行政の構造は少し複雑です。メルボルン市 (590 万人のヴィクトリア州に属している) の人口は 46 万人で、オーストラリア全体では約 2400 万人の人口です。

メルボルン市はオーストラリアで 2 番目に大きい都市で、大阪と姉妹都市です。国、州、市の 3 つの組織が主体となり行政を運営しています。都市計画は州とメルボルン市が中心となって取り組んでいます。

リバブルシティ創成の取り組みを振り返る
-1990 年代から 2010 年代まで -

まず、メルボルン市の Livable City のための取り組みの軌跡を 1990 年代、2000 年代、2010 年代と振り返りながら 10 年単位でお話しします。1990 年代のメルボルン市は恐慌の最中でした。人々は中心市街地に働きにきて、郊外の住まいに帰るのが典型的な暮らし方でした。町の中に人々が生活を楽しむ核となるようなものは全くなく、非常に退屈な都市でした。この時期、商業ビルの開発は進みましたが、テナントが入っていない状況がしばらく続きました。このような都市の状況に危惧したメルボルン市の都市計画局と州政府はメルボルンの中心部に今一度活気を取り戻すために、どのようなことをすべきかを考える戦略的な取り組みを始めました。そして 1990 年にワシントンにある World Population Crisis Center が格付けをする Livable City というランキングの中で一位を獲得しました。私がメルボルン市に就職した時には、世界で一番の Livable City として、このメルボルン市をどう維持していくかということを中心に取り組んでいました。まず、私は都市の研究者としてベンチマークを設定しました。世界の 18 の都市を分析し、メルボルン市にとってどのような評価基準で都市をよりよく改変していくかを研究しました。Livable City をつくるためには、他都市の Livable City の取り組みから学ぶことが重要です。それらを評価軸に基づいて研究することで多くの知見を得ることができました。

アジア開発銀行が示すデータから、住居があることやインフラが通っていること、そして水や空気へのアクセスがある、といったことはもちろんですが、将来のターゲットを明確にしました。都市に美しい建築や街路、景観、文化的な生活があることに目を取られがちですが、表に出てこないアメニティーや教育、インフラ、交通システムといった都市を構成している要素にも目を向けなければいけません。都市について研究することは、このような目に見えない氷山全体を含めて戦略を立てていくことなのです。

私たちはこのような都市のリサーチに基づいて、メルボルン市独自の Livable City の指標を考えました。その中に、人間の都市やサステイナブルな都市、健康的な都市といった要素があります。こうした大きな都市像の下に、具体的に取り組まなければならない安全性、文化、健康など様々な要素があり、個別の課題に対して戦略を立てていかなければいけないのです。世界の Livable City ランキングを出している Mercer という会社は Livable City に関して別の要素から新たな指標を掲げてきました。重要なのは、国際的な観点からの Livable City と国内に向けた Livable City の指標は異なるということです。

次に 2000 年代の取り組みについてお話しします。2000 年代の大きな特徴としては、都市の中心部に人々が戻ってくるようになりました。今までは、働く場所や買い物をする場所であったのですが、そこに人が住み始め、カフェや買い物をする場所ができ、生活環境が徐々に整っていきました。自然に発生した現象ではなく、都市計画を戦略的に進めることで、都市の中心部に人々の生活を回帰させたのです。

都市の中でコーヒーはとても大切です。都市の賑わいは住居数やカフェの店舗数をプロットするなど、様々な指標を用いて可視化することができます。このようにして街の中に人々の生活が戻ってきました。冒頭でもお話しましたが、Livable City のランキングは、今まで競争力のある企業をどこに誘致するのかを検討し、その企業の社員や家族がその都市に住むことになったときなどに活用されるものでした。しかし Livable City はそのような対外的な指標だけではなく、何か一つ特別なものがあって世界中を魅了するわけでもありません。地域ごとに理想的な Livable City 像は異なるはずです。

環境に対して都市がどれほどの負荷を与えているかを可視化するエコロジカルフットプリントというシンガポールの指標があります。この中でメルボルン市は 10 位です。都市を考えるときにどのようにエネルギーが循環しているかといった化石燃料の話もありますが、都市を支えているエネルギーの話も重要になってきます。

見方を変えると、世界的に Livable City と呼ばれる場所でのエネルギーの消費活動が、逆に世界の他の都市では負荷になっている現実があります。ある都市で Livable City が成功しているように見えても、その都市を支えるために他の地域に与えている負荷について考える必要があります。

週末でも多くの人で賑わうレーンウェイ　©Ai Ogawa

このような現実から Livable City をどのように持続させるかを考えてきました。

ここからは 2010 年代のお話しをします。メルボルン市はテニスの全豪オープンで知られるように、世界で最もスポーツが盛んな都市の一つです。様々な都市の中の施設やインフラのストックが成熟期に達しており、現在は非常に良い状態を維持できていると言えます。また、教育に関しては、メルボルンの中心部にある8つの大学が連携しているナレッジセンターという施設があり、このような知の集積が、海外からの留学生や国際的な研究者の誘致につながっています。

世界の様々な機関が Livable City のランキングを発表していますが、エコノミスト・インテリジェンスユニットの格付けでもメルボルン市は世界1位です。一方で、もう一つの大きな機関である Mercer の格付けではメルボルン市は16位になっています。このように格付けする機間によって評価軸や配点が異なるため、一概に Livable City がどのようなものかを決めることはできません。国連の Habitat が出している Livable City のランキングでは、メルボルン市は、生活の質という項目で13位、平等性という項目で12位、都市の生産性という項目で11位に入っています。このようなランキングは世界中であらゆる機関が行っています。メルボルン市の中心部にあるヤラ川では、1990年代では信じられないほど、川の水が澄んで

いて、現在は水辺で活発なアクティビティが行われています。これは川に人々が近づいたわけではなく、雨水などの水のマネジメントに戦略的に取り組んだ結果、水質も改善され、人々が自然に水にアクセスしやすくなったからだと思います。今回、日本に初来日してからまだ2日ですが、大阪市内を歩く中でたくさんの川を見ました。この川に人々がアクセスでき、様々なアクティビティができるような水辺になっているでしょうか？　それを皆さんに問いたいと思います。

次に Livable City を維持していくための3つの仕組みをご紹介します。

メルボルン流リバブルシティのつくり方

リバブルシティをつくるために重要なことを3つお話しします。1つ目は包括的な計画を行うことです。2つ目は住みやすさや、暮らしやすさの指標と戦略、そして戦略に基づいて何を展開していくかという具体的なアクション・プランを持つこと。3つ目はこうした指標について、国際的な Livable City のランキングやインデックスなども意識しつつ、地元のローカルな指標（そこに暮らす人からの視点）の双方の視点から Livable City の戦略作りをしないといけないということです。

包括的な計画についてもう少し具体的に説明します。メルボルン市の都市計画では、10年のコミュニティプラン、4年のカウンシルプラン、1年ごとに更新する年次計画といった3つの計画があります。10年のコミュニ

メルボルン市内のウォーターフロント　©City of Melbourne

ティプランは、そこに住むすべての市民が刺激を受け、みんなで共有できるようなビジョン、メルボルン市がどのような方向に進んでいくのかを示した計画です。4年のカウンシルプランですが、州政府レベルで作る戦略はビジョンからもう少し具体的な戦略を落としこんだ計画になります。州政府は4年任期ですが、私たちは選出された際に4年間でこのような計画を立てて何を達成するかということを公約します。

コミュニティプランはすべての要素を大きく捉えている計画、カウンシルプランは4年間の中で公約として掲げた計画の中で選択したものをどのように実行していくかを示すものです。目標や戦略、そしてアクションが連動した計画になっており、市民や様々な機関から受けたコメントを計画に反映するシステムが出来上がっています。市民がこの計画に参加していることが重要です。市民はただ計画を聞いて、それに対してコメントを与えるのではなく、参加して生まれた意見を反映しながら計画を立てていくプロセスができています。

現在のメルボルン市は「住む人のためのまちづくり」「サステイナブルな都市であること」「知識や創造性、そして人々のつながり」を目標像として掲げています。メルボルン市中心部の人口は2030年に向けてさらに増加すると考えられています。メルボルン市全体、周辺域も含めると、移民がたくさん入っているということもありますが、人口は少しずつ増えていく想定に基づいて計画が立てられています。昔からここに住んでいる人々が、新しい人たちを迎え入れ、すべての人たちにとって住みやすい街づくりを目指す必要があります。メルボルン市の中心部から歩いて20分圏内には、オフィスエリアや様々な居住エリア、コミュニティがポケットのように多く存在するような構成になっています。ただそこに住むだけでなく、コミュニティ同士の様々な活動や交流も積極的に反映するような都市づくりを目指しています。

メルボルン市もニューヨークや他の都市と同じように、デンマーク・コペンハーゲン市のヤン・ゲール氏を招聘して、メルボルン市都市デザインディレクターのロブ・アダムス氏と、コペンハーゲン市のヤン・ゲール氏が人間のための都市づくりを以前から協同で進めてきました。公園だけでなく、広場や歩行者空間、それから様々なパブリックスペースを人々がどのように使うかという戦略を立てるための研究もしています。そして建物やインフラの周りに、パブリックスペースを創出し、それらが媒介となって、その場所の人々の様々な活動を活性化させることを考えています。これは本当に小さな事例ですが、従前は道路だった場所をパブリックスペース化したプロジェクトです。プロジェクトには1400万ドルがかかっています。今までパブリックスペースとして見なされていなかった都市の中の民有地やあらゆる場所を市民が利用する場所に改変する取り組みもしています。

メルボルン市ではこれから真剣に取り組まなければいけない課題がたくさんあります。メルボルン市の公共交通システムは日本のような素晴らしいものではありませんので、この分野ではまだまだ努力しなければいけないと考えています。

ヒートアイランド現象の緩和も重要な課題です。未来の都市はますます熱を帯びていきます。このような都市の中で植樹をして木陰を創出したり、日よけを作るような、熱に対して都市をどう考えるかということもしなければなりません。また気候変動に伴う水害も頻発しています。エネルギーも

メルボルン市内のLRTと自転車道　©City of Melbourne

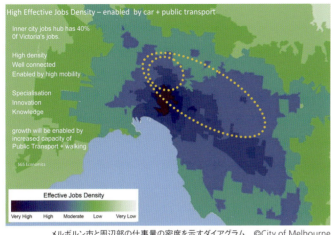

メルボルン市と周辺部の仕事量の密度を示すダイアグラム　©City of Melbourne

メルボルン市内に立地するカフェの分布図　©City of Melbourne

メルボルン市のナレッジ戦略による大学や研究機関の誘致　©City of Melbourne

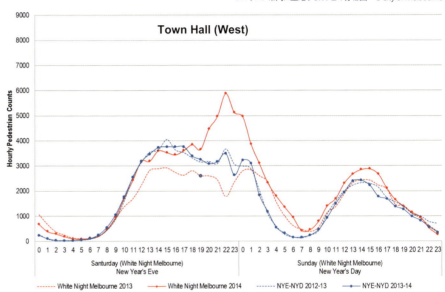

街中に設置したセンサーで計測した1日を通じた、人々の流入のパターン　©City of Melbourne

重要です。サステイナブルな都市をつくるためにメルボルン市では多くの課題が残されています。

メルボルン市内ではヒートアイランド化を抑制するために植樹や樹林地帯を整備しているのですが、興味深い事例として、一般の市民が街路樹の健康状態をデジタル化によってレポートできる仕組みを作っています。それぞれの街路樹にタグが付けてあって、市民の方たちが木の健康状態に関してメールなどを使って、そういった情報をデバイスから市に送れるようになっています。こうした街路樹管理を効率化するためにデジタル化をし、市民の誰からも情報を送れるようにしたところ、街路樹の健康状態や生育状態に関するレポートではなく、その木に対する個人の思いや、木に当てた手紙が市民からたくさん集まるようになりました。

メルボルン市が戦略的に取り組んできたものの1つにナレッジ戦略があります。市内にある8つの大学で市の中心部に位置する、特に2つの大学の研究機関において非常に高いレベルの研究を行っています。そうした大学が連携しながらナレッジセンターという研究機関を束ねる機関を通じてメルボルン市が世界中から優秀な研究者や学生の誘致を推進してきました。ナレッジシティのコンセプトは、様々な知的な研究機関をメルボルン

に集積させることで、世界中から優秀な企業や研究者、研究機関、学生がメルボルンで学び、そしてメルボルンに住む優秀な人材と出会うことでまた新しいビジネスが生まれ、住む人が増えるようにすることです。ここで研究と言っているものは、殻の中に閉じこもった個別の研究のことではなく、都市全体が社会実験や研究の場となるような研究のことです。メルボルン市という媒体を使って、社会実験や様々な研究の実験をしながら、新しいチャンスの創出を市として推進してきました。

メルボルン市と周辺部の仕事量の密集度は、メルボルン市を広い目で見ると、仕事がたくさんある地域もあれば、仕事がなくて困っている地域もあります。このような都市研究を通じて、メルボルン市全体で平等性をもった計画を作っていくことが重要です。

ランキングの格付け機関であるMercerは、中心部のLivabilityだけでなく、最近は中心部と周辺部の格差に関しても評価を始めています。1つのエリアだけで完結するのではなく、その市域全体で影響を与えながらLivabilityを保てているかということが新しい評価軸になっているようです。

重要なのは、「つながっている」ことと、「スマート化」ということです。つながっているというのは情報機器やWiFiでつながっているということだ

人が歩きやすい都市づくり　©City of Melbourne

けでなく、そこのコミュニティに暮らす人たちがつながっているということです。

　Livable Cityは上から与えられたビジョンや計画だけでなく、そうした計画を人に伝えることによって、他の人たちとつながり、そこで新しいものを生み出し、持続することが、Livable Cityが持続することにもつながると考えています。

　スマート化に積極的に取り組むことで、より効率的に働くことができ、石油や化石燃料の消費量を減らし、効率的にエネルギーを使うことで、それを他のスペースや用途に利用したり、振り分けることができるのではないかと考えています。

　次に、Livable Cityに関連する研究の成果がオープンアクセスであるということです。市民の誰もが起業するときや住み始めるときにデータにアクセスできることが重要です。つまり、行政や特別な研究機関がデータを握っているのではなく、誰にでもアクセスできることが理想のLivable Cityにつながっていると考えています。

　メルボルン市においてこのようなLivable Cityを実現していくためには、創意工夫が必要です。具体的な開発案件があるときに、その企業が開発のためにその敷地を独占するのではなく、その中で公益性が高い施設を入れこんでいき、そこに住む人たちに提供していくという方法もあります。このようなデータは研究の成果や、研究、それから都市戦略を通して多部局の行政担当者を束ね、チームを結成し、協働体制を作るのにも役に立っています。メルボルン市のリサーチユニットが非常に優秀なのは、私たちが研究してきたデータが市や州政府レベルで交換可能で、市民の誰もがアクセスできるオープンな資源になっているからです。そして、私たちが展開する様々な施策が、実際に人々の行動にどのように影響を与えるかを検証するために建物や街中のいたるところにセンサーを付けています。センサーは人々の動きを感知し、都心部にどれくらいの人が流入し、また流出するかを24時間単位で調べています。日中は人の流入が激しく、また夕方には別の流入ピークが来るなど、人の動きからも色々と検証ができます。

　Livable Cityの中でもう一つ重要な指標は「健康的な都市」ということです。メルボルン市では、人々が毎日の生活の中で健康的に、歩きやすい都市をつくることも大きな目標として掲げています。

　私は大阪市もしくは日本の都市に提案したいのですが、WCCD（World Council on City Data）という国際的な組織に加入してみてはいかがでしょうか。WCCDに加入すると、世界中の都市が持っているあらゆるデータや情報を機関の中で共有できます。また、現在、世界の他の都市でどのようなことが起きているのかという情報にアクセスすることができます。この組織の中に都市のランキングはありませんが、自分たちと同じような問題で悩んでいる都市がどのような指標を設定して、現在どんな変化が起きているかが瞬時に理解でき、都市の指標の中で、どのような情報を持っているのかということをお互いの都市で確認しながら情報を共有することができます。

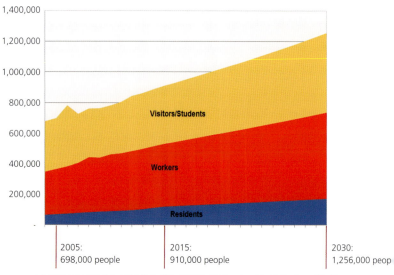

メルボルン市内の日中の人口の配分（黄：訪問者／学生、赤：オフィスワーカー、青：居住者）©City of Melbourne

住むことから考えるリバブルシティ　上／©Ai Ogawa 下／©City of Melbourne

最後にもう一度「Livable City をつくるには」という戦略の観点からまとめると3つの大事なポイントがあります。1つ目は包括的な計画を行うこと。2つ目は住みやすさやリバビリティの目標像を持っていること。それに対する戦略やそれに基づいたアクションが同時に出せること。3つ目はこれらの評価軸について、Livable City の指標を国際的な視点でとらえること、そして同時にその地域の特別な指標（住むことから考える）について考えることが非常に重要です。

オースティン・レイ [Austin Ley]

[オーストラリア・元メルボルン市 スマートシティオフィス・プラクティスリーダー]
元メルボルン市スマートシティオフィス・リバブルシティ戦略担当のエコノミスト、Planning for Change 代表。20年以上にわたり世界一のリバブルシティ、メルボルン市の経済、社会・環境や都市計画、施策の展開などに取り組んできた。代表的なプロジェクトにメルボルン市の長期将来構想計画、都市間競争に向けたメルボルン市の戦略策定などがあり、市内の都市計画や都市開発の案件に多数関わる一方で、オーストラリアのインフラ研究委員会、王立メルボルン工科大学の都市研究センター、同経営教育センターのアドバイザーを務める。モナシュ大学政治経済学部卒業、メルボルン大学大学院都市計画学専攻修了。Creating and Sustaining Liveable Cities ほか、リバブルシティ研究に関する論考多数。

第1章　リバブルシティのビジョンとアプローチ

1997年

2006年

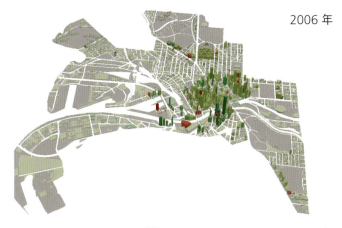

2010年

近未来のメルボルン市が持つ可能性

土地利用と雇用の関係性を示すリサーチ。一番上から順に1997年、2006年、2010年近未来のメルボルン市　©City of Melbourne

■ '場所を共有する'
―人間のためのパブリックスペースと都市をつくる―

サーシャ・コールズ　Sacha Coles
オーストラリア・シドニー市　ASPECT Studios ディレクター

　オースティン氏のメッセージも踏まえ「人間のための場所を作ること」に関して、具体的なプロジェクトを通してお話しします。私たち ASPECT Studios は 150 名の設計組織で、私はディレクターを担当しています。オーストラリアのブリスベン、シドニー、メルボルン、アデレードそれから中国の上海の 5 箇所を拠点に、建築家、都市デザイナー、そしてランドスケープアーキテクトが働いています。私たちの取り組みを非常に端的に話しますと、人々が居たくなるような、過ごしたくなるような場所をつくるという一言に尽きます。本日お話するのは、オーストラリア・シドニーのお話がほとんどです。私が担当しているということはもちろんですが、シドニーという都市が世界の他の都市と同じように大きな変化を迎えている都市だからです。私たちはプロジェクトの中で、「人々がお互いにつながり合い、共有することができる場所をつくる」ということと、「敷地、都市、地面の下に隠れた様々なレイヤーをきちんと見ていき、その場所にある魅力や資源を発掘する」ことを重視しています。少し前までシドニーの中心市街地には誰も住んでいませんでした。街はオフィスに働きに来る人の場所でしたが、今は 24 時間多様な人たちがアクティビティを行う、活気のある場所となっています。このような場所を作る上で、太陽がどのように動き、風はどう流れていて、気候がどうなっているかを理解することが重要です。

都心部と港湾部をつなぐ Pirrama パーク

　Pirrama パークは私たちが初期に取り組んだプロジェクトです。敷地はシドニー港湾部で、コンクリートしかなかった場所にパブリックスペースを作りました。シドニー港湾部は世界の他都市と同様に工業跡地となっています。港湾機能が低下したこの場所にパブリックスペースの機能を持ちこみ、都市を変えることに取り組んでいます。持続的に成功する場所をつくるためには、コミュニティが一番の鍵となります。コミュニティにどのように参加を促し、デザインのプロセスに参加できるのかをデザインすることが重要です。大切なのは、彼らが何が欲しいのか、どのようにデザインして欲しいのかを聞きに行くのではなく、この場所に住んできた中で持っている知識や経験を理解することです。そこから計画条件を設定し、デザインに展開していきます。このコミュニティの一番大きな望みは、大きい緑のスペースと水へのアクセスでした。ですから、水へのアクセスを確保するために大量の土を掘削し水辺と一体的になった、緑豊かなオープンスペースを作りました。このプロジェクトが始まった経緯をお話しします。まず最初にデベロッパーのタワーマンション建設計画に対して抗議運動が起きました。コミュニティが政府と交渉し、この土地を買収して公園化する要望を継続して訴えた結果、このようなパブリックスペースができました。実際にこの場所に訪れると、利用者に本当に愛されている場所だということが実感できます。またこの公園が、シドニー市内と分断された港湾部をつなげる 14km のリンクの一部となりました。通常、このような地域資源や魅力を活かせないままプロジェクトが終わってしまう場合が多いのですが、水辺と公園を一体的にデザインすることで魅力的なパブリックスペースを創成することができました。また、敷地上で収集した雨水も、循環利用しながら灌水に活用し、水循環にも配慮したデザインになっています。シドニーのパブリックスペース全般に言えることですが、100% 完成されたプロジェクトを作るのではなくて、少し余白を残して柔軟にプログラムを展開することが重要です。整備費の一部を将来のプログラムや管理費などに充てることもできます。時代はこのようにシフトしているのです。

　都市のパブリックスペースは誰か特別な人のものではありません。どんな人たちもパブリックスペースへのアクセスがあり、平等に楽しむ権利があります。特に強調したいのは子供のアクセスがきちんと確保されているかということです。次は時間による変化についてお話しします。この場所は潮の干満によって、水の水位が変化しますが、それをデザインの中に取り込んでいます。リバビリティをつくることは、市民に多様な体験や、この地域でしか経験できない特別な場所を提供することです。Pirrama パークはマスタープランで位置付けられた市街地と港湾部をつなぐパブリックスペースのネットワークをつくるというシンプルな目的を達成しました。

暫定的なパブリックスペース Metcafe Park

　次は全く性格の異なる暫定的なパブリックスペースに関してお話しします。この公園は芝生と緑しかないのですが、周辺には google など様々なオフィスが集積して立地しています。彼らが私たちの事務所を訪れ、「この場所の力を引き出し、より魅力的で質の高いパブリックスペースにするにはどうしたらいいのか」という相談を受けました。このような公共空間は行政が管理し、行政から与えられるものだとみなさんは思うかもしれませんが、オーストラリアでは今、このような民間デベロッパーがクライアントとして公共性の高い場所の創出に多大な貢献をし始めています。ここでは、まず学生に既存の公園の中でどのようなアクティビティが行われるかをリサーチさせ、3ヶ月限定でフリー WiFi や屋外家具類、日よけの設置、卓球台など活動を誘発するシンプルなエレメンツを一箇所に集積させて社会実験を行いました（写真 1）。3ヶ月の社会実験の効果を検証するために、設置したカメラを使ってどのように人が場所を使ったか等の履歴をモニタリングしました。社会実験後に報告書を行政に持ちこみ、周辺のデベロッパーが公園の再整備に貢献したいと言っていること、そこで公民連携をど

写真1：暫定的なパブリックスペース。Metcafe Park ©Florian Groehn

のように推進するべきかという提言を行政に共有しました。屋外家具は非常に洗練されていて太陽光発電で充電ができるような構造になっています。こうした小さなインフラを整えることで、ここで働き始める人たちも出てきましたし、結果として多くの人が公園に集まって来るようになりました。

小さいストリートのデザイン

　都市の中では今、産業の急速な変化によって工業跡地や未利用地がたくさん集積しています。ここでは、非常に小さい都市内の空間に手を入れていったプロジェクトをご紹介します。小さいアレー（路地）でメインのストリートとの間をつなぐ狭い道路の一部です。市はここにアーティストを連れてきました。私たちは、この環境を再生するための取り組みを行っています。ここのアートワークは"忘れられた鳥のさえずり"という名前で、無数の空の鳥かごは、シドニーの街の中にどれだけ鳥がいなくなってしまったかということを喚起しています。建物の裏側で鄙びた誰も見向きもしないような場所の魅力を逆手にとらえて、天井の高さや空間を活かして屋外の空間を魅力的に変えました。このような小さいアクティビティや利活用を街中で集積させていくことが重要です。魅力的な小さい路地周辺には商業やレストランが次々とオープンするようになりました。これは私たちがメルボルンで学び、現在シドニーで取り組んでいることです。

　シドニーで興味深い場所の一つにチャイナタウンがあります。チャイナタウンは、朝から深夜までコンスタントに人が出入りしている賑わいのある場所です。ここで紹介するプロジェクトは先ほどのアレーと同じような構造ですが、ここにパブリックアートや照明を入れて、私たちが全て調整しながら本来の魅力的なパブリックスペースを作るというコンサルタント業務を行いました。元々は建物の裏で、車しか通らなかったところですが、設えを変えることによって、ベネチアの通りの一部のような、秘密の通りのような、誰もがそこに入りたくなるような魅力的な屋外空間に変わりました。まず、この場所の特性を活かして壁面、立体的な空の面、床面を賢く使ってこの屋外空間を作りました。面白い場所を作ることに加えて、パブリックライブを醸成するような魅力的なアレーを作るという目標が達成できました。ここで1つの鍵になっているのは家具のデザインです。赤いスチールのプレートを上手く使って中国のリボンの帯を想起させるようなカスタム家具を入れています。このような場所に変えることで車を排除し、人が歩きやすく魅力的な滞留空間をたくさんつくりました。

Darling Quarter

　次は、大きなスケールのプロジェクト、Darling Quarterプロジェクトについてご紹介します。この大型開発案件において、デベロッパーは大きなリスクを背負って民有のパブリックスペースを創出することを決断しまし

写真2：Darling Quarter パブリックスペースの中心にある子供の水の遊び場　©Florian Groehn

た。140億豪ドルをかけて、開発エリアの中心部にパブリックスペースを戦略的に作り出したのです。周辺には5000人が働くオフィスも立地しますが、デベロッパーは目先の数字や利益が不確実なリスクをとったわけです。彼らは目的地になるようなパブリックスペースをつくることで、必ず利益を得ることができるのではないかということを想定してこのリスクに挑戦しました。開発エリアのパブリックスペースの中心にあるのは子供の水の遊び場です（写真2）。ここはフェンスも垣根も標識も何もない子供と親たちが遊べる水の遊び場になっています。設計のポイントは、水をダムのように貯めたり、動かす遊びのエレメンツがたくさんあることです。こうしたエレメンツは子供一人では使うことができず、何人かの子供と協力しなければ動かないようなつくりになっています。子供は遊びながら他の子供たちと様々な共同作業をすることを、パブリックスペースを通じて初めて学ぶわけです。日常の都市の水景施設がそこで働く人たちを視覚的に和ませるために存在するだけではなく、子供たちも平等に都市の中心部で、水で遊べるような都市をつくることを目標としています。このプロジェクトは、私たちが都市のパブリックスペースの中で初めてキュレーションを行った場所です。非常に興味深いのが、このパブリックスペースで行われるアクティビティが日々変化し続け、多世代の人たちが、多様なアクティビティを楽しむ様子が常にみられることです。この商業施設は、子供が行きたがる場所であるということが非常に重要なポイントです。子供が行きたがると、両親も、そして祖父母も家族みんながこの場所に来る。子供だけではなく、たくさんの人々がここで楽しむことができるパブリックオープンスペースとなっています。シドニーは光に対しても積極的に取り組んでいます。「VIVID（ビビッド）」というイベントでは、照明のファサードがインタラクティブに変化します。こうしたものもこの空間に魅力を与えています。

One Central Park

私たちがここ数年取り組んできた、「One Central Park（ワン・セントラルパーク）」という複合開発プロジェクト（写真3,4）はOCULUSとのJVで取り組みました。ここで非常に興味深いのは、自然の緑やサステイナビリティという概念がブランド化されている点です。都市の中でリバビリティを実現し、「緑の場所」を実現するためには公園だけでなく、建物のファサードや屋上緑化、それから歩行者空間や広場においても多様で魅力的な屋外空間が展開できます。このプロジェクトでは、プライベートな屋上緑地、パブリックな屋上緑地、それから中庭、ストリート、広場、たくさんのオープンスペースが、公有と民有で混在しています。今まで存在しなかったような緑を創出することにより、生態系や鳥類が戻ってきたこと

写真 3,4：One Central Park　©Simon Wood

もモニタリングによって確認できました。建物は、世界的に有名な建築家のジャン・ヌーヴェル氏によって設計されましたが、垂直緑化は、フランス人の緑のアーティストであるパトリック・ブラン氏がデザインしています。それ以外の垂直緑化、屋上緑地は私たちがデザインしました。この建物の垂直緑化、屋上緑化のプランターをすべてつなげて長さに換算するとおよそ7kmになります。デベロッパーにとっては管理において非常に大きなリスクになりますが、これを作るリスクを彼らが選択したことにより、シドニー市民からも広く緑のゲートの建物として認識されるようになっています。もう1つ重要なのは、この建物の足元も一体的にデザインがされているということです。歩行者空間には周辺街区から自然に入ることができ、空間は全て光に満たされています。このように商業空間とパブリックオープンスペースが共存しながら、昼も夜も活気に満ちたパブリックスペースとなっています。

シドニー工科大学キャンパス

次は、私が現在客員教授を務めているシドニー工科大学のキャンパスをご紹介します。従前は、都市の中心部に立地するキャンパスで、ほとんど緑の無い場所でした。ここでのコンセプトは「sticky」、つまり「粘っこい」大学のキャンパスを作るということでした。人々が滞留してそこからなかなか離れない、そういう意味です。空間は3つの構成になっており、まず中心部のセントラル・グリーン、人々が様々なアクティビティを展開できる広場、そして少し静かなグリーンという構成になっています（写真5）。この芝生の下は、図書館の地下の書庫です。つまりプロジェクト自体は屋上緑化、構造物上の緑化です。左手に見えるのが新しい建物ですが、どれだけこの場所が変わったのかが分かると思います。屋上緑化なので、土層厚を確保するために地面を持ちあげなければなりませんでした。私たちはこの厚みを活かしてエッジのデザインを工夫し、多様なアクティビティの誘発を目指しました。人間の様々な体のポジションや微妙なレベルの差等、1つのエッジに多機能を持たせ、最大限に活用したデザインになっています。またキャンパスの管理者である大学の管理課は、通常はごみを捨てる等の作業に関与するだけなのですが、ここでは彼らが参加できるような仕組みを作りました。この場所に暫定的に屋外家具を置いたり、日々この場所の設えを変えるキュレーションをすることも全て大学のキャンパスの管理に含めました。さらに、この大学にランドスケープ学科が開設され、新しい建築学科の建物と共に、学生が空間を体験しながら勉強できる場所をつくりました。大学のキャンパスですが、市民の誰もがアクセスでき、近隣の住民が犬の散歩をさせたり、子供を遊ばせたり、卓球を楽しんだり、様々な人々が混ざり合う理想的な大学のキャンパスとなっています。私た

ちは商業などに頼ることなくパブリックスペースを機能させることを目指しています。ですからWiFiの利用や電源プラグの開放も、最近のパブリックスペースでは必須の機能となっています。都市の中の自然も大きなテーマです。生物多様性や生物の保全もありますが、このキャンパスは、非常にリズミカルでアクティブな場所と、もう少し統制されていて瞑想できるような、静かな時間を過ごせる場所も整備しています。照明のデザインも行い、夜も魅力的な場所となっています。

The Goods Line
－新しいパブリックスペースのかたち－

このプロジェクトは、「The Goods Line（グッズライン）」というポストインダストリアルサイト（工業跡地）のプロジェクトです（写真6）。ここは私たち人間にとっても魅力的な場所ですが、都市スケール、インフラスケールで見ても画期的なプロジェクトといえます。グッズラインは、元々郊外から小麦や食糧、様々な物資をシドニーの街の中に運び入れる貨物線で、人々の生活を支える重要な線路でしたが、既にその機能、役割は終了しており、その貨物線のある街区に訪れる人々はほとんどいませんでした。Darling港には中央駅があり、大学や美術館、様々な場所が周辺に立地しています。貨物船は保存しなければならない重要な歴史的遺構なので、線路を傷つけることなく、覆い被さるようなプラットフォームをデザインしました。The Goods Lineは3つの部分から構成されています。ビジネススクールスクエアという広場は、フランク・ゲーリー氏の設計した建物に隣接しており、このコミュニティ全部にとって社会的なインフラ、基盤になるような様々なアクティビティを誘発する場となっています。歩行者空間レベルから4m上がっているのですが、この公園の中で様々なレベルの変化があって飽きない、様々なアクティビティが展開される設えとなっています。特にエッジに注目し、賢く利用することで、様々な人々がこの場所を最大限に、魅力的に利活用できるような設えを考えました。グッズラインの終端に「Powerhouse美術館」があります。グッズラインは重要な建造物の裏側にあたる部分でしたが、現在、裏側を表側にするようなリノベーションが展開中です。施工方法は436ピースのプレキャストのプレファブ工法で、敷地の外で作成し、敷地内での作業を減らして、多くを外から持ってくる、というスタイルを選択しました。写真からも既存の貨物線の上にこういったパブリックスペースが浮いているのが分かると思います。少しずつクレーンがプレキャストを持ち上げ、はめ込みながらこの場所ができていってます。グッズラインは多くの要素で構成されていますが、主要な機能としては、スタディ・スポット、大学生が勉強できる屋外の場所、子供が遊ぶことのできる場所、それから緑の広場など多くの要素が詰め込まれた公共空間になっています。この場所で遊んだり、運動やエクササイズをしたいというニーズもありましたが、周辺には若い世代の家族が多く移り住んできているために、周辺に住む人々のニーズに応えることも必要でした。その場所で完結するのではなく、プログラム自体が次々に変化しながら時間に合わせて調整できることが重要です。そして、この線を機能させることで市内から港湾部までをひとつの軸線でつなぎ、場所を再び活性化させることができたと思います。このパブリックスペースのタイポロジーは非常に特別なものです。広場でもなければストリートでもない、何でもない。全てのパブリックスペースの要素を組み合わせた「シビック・スパイン」、つまり「都市の背骨、骨格のようなフレーム」として機能しているのではないかと思います。ここでも重要視しているのが、敷地に既に存在していた様々な環境資源やストックです。グッズライン上にある、既

写真5：シドニー工科大学キャンパス　©Florian Groehn

存の樹木を全て保存するために、このような構造体が樹木を避けるようにデザインされているのです。もう1つの特徴あるエレメントとして、「コミュニティ・テーブル」があります。電源が備えられていることで、人々が集まってきて、1つのテーブルに集まって仕事をしたり、おしゃべりをしたりする場所になっています。大阪では歩行者と自転車ユーザーがうまく共存しているように見えますが、シドニーでは2者の共存はあまり見られないので珍しいケースです。

私は「リバビリティ（住みやすさ）のカギになるのは、選択が可能である」ということだと思います。ある場所で、寒いとき、暑いとき、気分によって様々な使い方や滞在の仕方が可能であることがリバビリティにとって重要だと思います。私がこの敷地に戻るたびに興味深いと感心するのが、多様で自由な使われ方をしていることです。朝のヨガや地元住民のおしゃべり、屋外で打ち合わせの会議をしたり、子供が遊んでいたりと、毎回状況が違います。加えて、夏の夜には映画を見るイベントを開催するなど文化的な活動も盛んに行われています。ここで重要なポイントとなるのが、「connectivity（コネクティビティ）」、つまり「つながり」ということです。様々なレベルで様々なものを物理的にもそれから使い手にもつなげる、そうした状況を実現することで大きな変化が起きたのではないかと思います。この敷地では同時にモニタリングも実施しています。ここではどのような人々が、どんな形で屋外空間を利用しているのか、どのような生態系が回復しつつあるのか等、様々なデータから都市の新たな自然の形を、社会生態学的、純粋な生態学的にもモニタリングを進めています。

最後に「Darling Square（ダーリング・スクエア）」というプロジェクトをご紹介します。敷地はシドニーの中心部にあり、多くの住宅エリアの中心にある広場です。現在この広場の中心部に、隈研吾氏設計の文化施設が建設予定で、隈氏と協働しながら広場のデザインを進めています。広場のコンセプトは、全ての開発に対して正面の入り口のような顔を持つこと、それと同時に、裏口のように様々な人々がアクセスできる、両方の性質を持ち合わせることを目指しました。高層の商業や住宅のタワーに囲まれた広場の中央に隈氏の建築が立地します。この建物は図書館やコミュニティ施設といった公益性の高い部門と商業部門がうまく複合したものとなっています。

最後にリバビリティという概念に対し、一言でまとめるとすれば、複雑で様々な要素、機能が混じりあう中で、「その場所を使う、その場所に訪れる人々が、多様な選択をすることが可能な場所をデザインすること」が「Livable Cityをつくる」ことにつながるのではないでしょうか。

写真6：The Goods Line　©Florian Groehn

サーシャ・コールズ [Sacha Coles]

［オーストラリア・シドニー市、ASPECT Studios ディレクター］
ASPECT Studiosのディレクター / シドニー工科大学建築デザイン学科客員教授 / 登録ランドスケープアーキテクト。ASPECT Studiosはオーストラリアを代表する組織的ランドケープ・都市デザイン事務所でシドニー、メルボルン、アデレード、ブリスベン、上海を拠点にパブリックスペースから国際的な都市デザインプロジェクトまでを展開する。代表的なプロジェクトにThe Goods LineやDarling Quarter、Barangaroo Southのマスタープラン、シドニー歩行者空間ガイドラインなど。国際ランドスケープアーキテクト連盟アジア支部の会長賞のほか、オーストラリアの都市デザイン、ランドスケープ関連の受賞多数。王立メルボルン工科大ランドスケープ学科卒業。

■人が人を集める。住みやすい街と移住論

小泉寛明　Hiroaki Koizumi
Lusie Inc. 代表、神戸R不動産

　少し数字を考えてください。一万人の観光客を集めるのと、10人の家族が町に引っ越してくるのとどちらの経済効果がより高いでしょうか。僕自身の考えでは10人の家族がそのエリアに移住してくる方の経済効果がより高いのではないかと考えています。というのも、10人いれば1家族は約3〜5人くらいで構成されているとして、一年で3人×365日。移住してくる人は毎日その街で経済活動を行うので3×365日、約1万のアクティビティが起こります。10と1万という数字を比較して考えてみたら良いと思います。

　まず、僕自身のキャリアについてお話しします。関西の大学の経済学部を出て、急にまちづくりがしたいと思い立ちました。アメリカの大学院に進学すれば専攻を変えられることを聞いて、カリフォルニア大学アーバイン校の大学院に進学しました。そこではSchool of Social Ecologyという社会生態学を学ぶ学科で都市計画の勉強をしました。典型的なアメリカの郊外地に住むなかで、大都会でエキサイティングな仕事がしたいと思い、就職は森ビルに新入社員として入社して六本木ヒルズというプロジェクトの担当をさせていただきました。先ほどランドスケープのお話しがありましたが、実は私は森ビルでランドスケープや建築の全体のコーディネート担当で、パブリックスペース担当もさせて頂いていたので、お話しを聞きながら懐かしく思っていました。ちょうど森ビルの六本木ヒルズのプロジェクトが終わったころ、またアメリカに戻り2年くらい働いた後に、日本に再び帰国しました。それから8年ほど不動産ベンチャーのデベロップメント担当として、様々な開発の担当をさせていただきました。マンションをつくったり、ホテルをつくったり、再開発をしたり、レストランをつくったり。出張が続く日々で日本中至るところに出張してビルを建てたり、レストランをオープンさせたりという仕事をしていました。その仕事のうちのひとつで静岡県の伊豆の旅館の再生をするプロジェクトがありました。「arcana izu」というホテルを新しくつくり、運営をしてそこの社長を任されました。そのときちょうどリーマンショックが起こり、ホテルは比較的順調に経営していましたが経済環境が激変しました。みなさんも体験があるかもしれませんが、経験したことのないような経済の変化によって価値観の変化もあり、また、当時働いていた会社が買収され経営的な意見が合わないということもあり、会社を辞めようかなと感じ始めたのです。当時ちょうど神戸に引っ越してきて2年ほど経っていました。神戸から様々なところに出張に行っていました。仕事を辞めて何をしようかなと思ったときに、何か建築や不動産関係の仕事をしたいなと思っていたところ、一冊の本に出会いました。それは「FROM OREGON WITH DIY」という本で、価値観のテストのようなことが書いてありました。極端に言うと、あなたはゲイの市長を支持しますか、あなたは野菜派ですか肉派ですかなどの質問があり、「あなたはチェックが20個以上ついたらオレゴン ポートランド好きだよ、めくってごらん」というような話です。めくってみると非常に自由に楽しく暮らしているオレゴンの人々の話が色々載っていて、その人たちの多くはリーマンショックの後に価値観が変化して東海岸のニューヨークからワシントンDC間で家を売ってオレゴンに引っ越してきた人たちで、山と川と共にスローライフを楽しみながら豊かに暮らしている生活像がそこに描かれていました。その記事を見たときに「あ、何か自分のやりたいことと重複しているな」と思い、神戸で自転車10分くらいの自分の住んでいるあたりを楽しく出来ないかなと考えました。また、東京などの大都市から人が神戸に移住するのを推進するような活動が出来ないかなと考え始めました。そう思い立って、今の仕事をはじめました。R不動産というお仕事をご存知の方がいるかもしれませんが、個性的な古い建物をこつこつ紹介するサイトを運営しています。

人が人を集める

　一番初めに書いたブログが「神戸ポートランド化計画」という記事で、7年くらい前に書きました。その記事を書いて自分の仕事をスタートさせました。R不動産ではユニークな物件を見つけてきます。例えば山の中にあったり海が見える物件だったり。ぽろぽろでも大切に使えばまだまだ使える物件を見つけてきて紹介するサイトです。さらに不動産物件だけではなく生活情報もブログのコラムとして書きました。たまたま、神戸R不動産がスタートする1ヶ月前に東日本大震災があり、西日本に人が移住してくるという流れが外部要因的に派生し、神戸にも多くの人が移住してきました。

灘高架下のバレエダンススタジオ「BOX169」でのイベント

灘高架下の空き区画

はじめの一年くらいの話ですが、スズキコージさんという絵本作家の方が神戸に家族で引っ越して来られました。また、「パニックジャパン」というiPhoneのアプリを作っている会社の方も東京にあった会社を西宮に移されました。このように、典型的なノマドワーカーの方や絵本作家などどんな場所でもお仕事ができる方が、東京に居なくてもいいかということでぽんと移って来られました。私はこれを加速化できないかと考え、ある地図を作りました。観光の街のイメージに反して、もっと「リバビリティ（住みやすさ）」をアピールしようと思いました。例えば裏山に行ってトレッキングもできるよ、その先には茶屋があって朝からご飯が食べられるよ、ですとか、山登りして温泉入って串カツ食べようとか、海沿いを自転車で走るなどができる街の地図を作りました。合わせて街に住んで小さな営みをしている人たちのリストをのせたり、「神戸移住のための地図」を１年くらいかけて作りました。そうこうしていたら第二波がやってきました。第二波は先ほどのノマドワーカーの人々とは少し異なり、フォトグラファーやブランディングコンサルタントの方、編集者の方、建築家の方などです。彼らは多少ローカルに地域に根付いていないと仕事ができないような人々であり、100％東京クライアントというわけにはいかない人々であり、集まって仕事がしたいのでシェアオフィスを作って欲しいという要望がありました。そこで私は自分が住んでいた家を解放しシェアオフィスにしました。気づいたことが、空間や都市が人を集めるのかと思っていましたが、「人が人を集める」ということです。街や企業や人が街に移ろうというときに、ローカルな人に会うのか会わないのかということはとても重要なことだと思いました。仮にあなたがどこかに行ったとき、ローカルないい体験をするともう一度行こうという気になると思います。移住につながるかもしれませ

ん。こういうプロセスが大事なのではと考えたのです。ここで人を紹介するということが大事だと気づき、「リアルローカル」と呼ばれるサイトを始めます。人や仕事やイベントを紹介するサイトです。ローカルな人に会うにあたって強く感じたポイントは、2、3年前に「サービスデザイン・カンファレンス」というものに興味がありストックホルムに行ったときの話です。「オフィシャル・アコモンデーション・パートナー」ということで、その会議の公式宿泊パートナーとしてAirbnbが紹介され、人の家に泊まることでその街を体感することを実際に体験してみました。デイビットとヨハンという人がこの家のオーナーで、この二人に出会ってストックホルムの滞在が激変しました。素晴らしい体験ができました。レストランは美味しいところをリコメンドしてくれました。もう一度行きたいと思いますし、移住もありだと考えています。

神戸でリバブルシティをつくる

「人が集まる場所も鍵」だと思います。ノマドの人たちが集まるシェアオフィスが必要だったりします。先ほどでてきたスズキコージさんという絵本画家の方が神戸に来たのは「ギャラリーVie」という絵本画家の方が集うサロンがあったからであり、日本全国の絵本画家が集まる場があったからこそ何かあったからこそ神戸に移ろうとおもったからとのことです。今私たちが力を入れている場所を紹介しようと思います。プロジェクトは、阪急の灘高架下という王子公園から春日野道の間の高架下です。実は戦前にできた高架下で、アーチを用いたおしゃれな高架下ですがガラガラの状態だったので、阪急の方にお願いして、これはすごく面白い空間だからクラフト作家の集まる場所にしましょう、とここ3年ずっとご紹介し続けています。今カルティベイトインダストリーという皮の工房ができていますが、彼らは10万20万するような、それこそパリコレに出すような高級なバッグのサンプル品をここで作っています。ダンススタジオとしても使われて

灘高架下の額縁工房「FLYING FRAMES」

東遊園地で開催されている EAT LOCAL KOBE FARMERS MARKET

います。額縁工房や、最近流行りのDIYと建築を掛け合わせたような空間もあります。ここ2、3年でクラフト作家が集まりつつあります。このようなクラフトを志向するような人たちが集まって仕事する場がありませんでしたが今、徐々に集まりつつあります。塩屋では家賃が安くて海が見えるところに活動家のような人たちが集まってきています。六甲山のふもとには日々トレッキングがしたい、もしくはマウンテンバイクで山に入りたいという人々が集まりつつあります。

また、「EAT LOCAL KOBE FARMERS MARKET」というマーケットを東遊園地で開催しています。農や食に関わる人々が集まる場所を作っています。これについて詳しくお話しします。東遊園地という場所は三宮駅から徒歩5分くらい南に行ったところにあります。最近までは0とまではいかなくても5、10人くらいが広い閑散とした公園にいるといった風景でした。2年ほど前から神戸市の方と私を含む複数のメンバーが共同でお話しして、勿体ないので社会実験をさせてほしいと持ちかけました。去年からこの公園で社会実験を始めています。「URBAN PICNIC」というイベントが行われ、暫定的に芝生をひいて芝生とカフェがあると公園の中がどう変わるのかという実験が行われました。私が担当したのはファーマーズマーケットの方ですが、誰もいない公園の中にファーマーズマーケットを開いた途端たくさんの人がいらっしゃいました。去年9回開催しましたが開催するたびに人が増えて今年からほぼ毎週開催しています。本日も実は朝マーケットを設営してきました。このようなローカルな農家の方と一般の市民の方々が知り合う場が今までなかったというのがお客さんがたくさん来て

東遊園地のFARMERS MARKETは農家が直接消費者に販売できる場でもある

山の裾野に異国感あふれる建物が広がる神戸市北野町

くださる理由だと思いますが、出会う場は意外と都会の中に少ないと思います。ですから、どのようにパブリックスペースを作り変えていくのかというのは本当に重要だとつくづく実感しています。このファーマーズマーケットでは朝ごはんも提供していて、朝、外国人の方も含め老若男女いろんな人が大きいテーブルを毎週一緒に囲んでいます。私たちが今行っている仕事は基本的には不動産や建築ではありますが、現在は多岐にわたり、小さな活動の積み重ねです。営利と非営利がありパブリックとプライベートの間を泳ぎながら仕事を組み立てるような職業をつくりたいと思っています。これを「エリアデベロッパー」と呼んでいます。北野のエリア、ファーマーズマーケットをやるエリア、高架下のエリアなどではお仕事もやりますし、ボランティアも両方取り組みつつ町のムードをつくり、それによって町がリバブルになれば人が移住して私たちが不動産の仕事ができるという流れができてくると思います。まちを形作るのは人の価値観だと日々実感しています。「人がどう考えるのかによってまちがどんどん変化」します。先ほど述べた東遊園地は現在4ヶ月常設カフェが社会実験として置かれています。人の価値観を共有できればまちが変わっていく原動力になると思います。我々のように地域の10分圏内で汗をかくような、エリアデベロッパーという考えが広がれば、まちが面白くなって良いのではないかなと思います。

小泉寛明 [Hiroaki Koizumi]

[Lusie inc. 代表 / 神戸R不動産]

1973年兵庫県生まれ。関西学院大学経済学部卒。カリフォルニア大学アーバイン校ソーシャルエコロジー学部都市計画修士号。1999年森ビル株式会社入社。2006年株式会社Dress代表取締役、株式会社アイディーユープラス取締役に就任し、ホテル開発と運営、不動産開発・飲食店にかかわる各種事業を指揮。2010年有限会社Lusie設立、神戸にて「自転車10分圏内のエリアディベロプメント」を志向し、各種事業に携わる。一社社団法人KOBE FARMERS MARKET代表理事。

パネルディスカッション
■Livable City のつくりかた
住みやすい　都市

パネリスト：遠藤秀平 × 槻橋修 × 小泉寛明 × Austin Ley × Sacha Coles
モデレーター：福岡孝則、通訳：山田知奈

（遠藤秀平（以下遠藤））

みなさんのお話の内容は、まさに今必要かつ魅力的な分野であり、可能性を持っていると思いますが、日本の社会の中で展開していくという意味ではまだまだハードルがある、あるいは具体的な展開が可能なのかというのが課題だと思いました。

まずメルボルン市のオースティンさんのお話で印象的だったのは、非常に戦略的であるということです。具体的に1年、4年、10年というタイムスパンが設定されているのがとても良いと思います。通常だと、10年くらいのスパンで計画を考えていくのですが、それだとあまり進まない。そして1年のスパンでやるとあまり変化が感じられない。1年、4年、10年という戦略の立て方は非常に良いと思います。

オースティンさんに質問なのですが、日本の問題としては人口減少がありますが、それに対してどのような戦略が立てられるでしょうか。メルボルン市では、人口と連動しながら戦略を立てられましたが、私たちの今の問題は、1年、4年、10年後には大阪、神戸の人口は減少していくということで、それに対してどのような戦略が必要になってくるでしょうか。そしてもう一点は、サーシャさんのお話では具体的なプロジェクトをご紹介頂きました。印象的だったのはプランナーやデベロッパーがリスクをとることによって新しい可能性が切り開かれたというお話です。日本社会においては、リスクヘッジ、取らないリスクを明確にすることによってリスクを負っていかないということが非常に多く、そのことによるマイナス面が強く出ているというのが現状かと思います。その時にサーシャさんの例でご紹介いただいた中で、リスクを取るということは非常にわかりやすいチャレンジなのですが、具体的にどうリスクを取るのか、行政に対してあるいは市民に対して責任を取るということに関して具体的にする必要があります。リスクの取り方ということをもう少し具体的に聞けたらよかったかなと思いました。

（オースティン・レイ（以下オースティン））

大阪の場合は、どのようなタイムスパンを持って戦略的な方向性を考えていったらいいかということですけれども、まず一番大切なのは大阪の人々、市民が何を必要としているのかを考えることだと思います。そこから何をすればいいのかということが見えてきて、その何をすればいいのかということに対して、どれくらいのタイムスパンで実際に動くということが見えてくると思います。

大事なのは少しずつ段階的に実験を重ねるということです。そうした小さな変化の積み重ねがパブリックに繋がっていくと、大きな動きにつながります。ただ、その小さな変化というのをしっかり認識することが大切です。評価する指標が必要になります。

もう一つ大事なのは長期的なスパンで戦略を立てるとより大きなことを実現することが可能になると思います。ただ一方で、行政では長期間の中で関わってくる人たちが変わっていくので、そうした人たちが最終的な目標に対して責任を逃れるというようなことも起こります。行政の一体的な流れもありますので、行政がどういう体制をとっているのか、誰が責任を取るのかによって状況も変わってくるので、そうしたラインスパンを考えていくことが大事です。またその変化を市民が見えるようにしていかなければいけません。

（遠藤）

人口減少に関して何かアドバイスを頂けたらと思います。財政も悪くなってきています。ネガティブな面だけではないと思いますが。

（オースティン）

実はメルボルン市でも人口は減っています。しかしその人口全体の動向に関して自然な増減なのか、社会的な理由による増減なのか、これを切り分けて動向を見る必要があると思います。そこを明確にすることで、先ほどお話したように人々が何を必要としているのかということが見えてくると思います。

私の取り組みの一つとして、「ナレッジシティ」をどのように作っていったらいいのか、ということがありました。小泉さんのプレゼンテーションでも、ノマドワーカーというものが紹介されていましたけれども、こうした一時的に都市に来る人たち、勉強したりですとか、働いたりですとか、そういう人たちが手段としてまた別の人たちを呼び、移住からの定住化といった流れをつくることをマネジメントをするということ、という視点が大事かと思います。

（福岡孝則（以下福岡））

小泉さんとサーシャさんに質問です。今のお話を受けて、実際に人が人を集めたり、移住をしたりするということに関して、実際に神戸で小泉さんから今日のお話を受けるのも、このような人口減少時代に人の移住を促すことを目指すためです。しかし、移住をしてもらうということ自体がかなり難しいと思うんです。こうした挑戦をどのように考えられていますか。

「リバブルシティのつくり方」パネルディスカッションの様子

(小泉寛明（以下小泉）)

僕のプレゼンテーションの一番初めに、1万人の観光客か10人の家族か、という数字のお話をさせていただきました。今、日本全体の観光人数、プラス大事で見失ってはいけないと思うのは、「都市のLivabilityというか、住み心地が良い街にやはり人は集まってくる」、という流れだと思うんです。その根本を見失い観光客ばかり考えると逆に住み心地の悪い街になってしまう。そのあたりで、逆に言うとメルボルンがどういう考えなのかというのを聞いてみたいと思いました。

(サーシャ・コールズ（以下サーシャ）)

その質問に対しての答ですが、どの都市も同じような問題を抱えていると思います。同じように活力のある都市、生活に便利な都市、観光客がたくさんあふれている都市、そうしたものを理想としているんだと思います。しかしその中でも、特に大切なのがオーセンティックシティという、都市の本質みたいなものですね、それが何かということ。シドニーの場合は港があります。メルボルンの場合はグリッドで、非常に分かりやすい都市構造であると思います。観光客が何をほしがっているかと言いますと、クレイジーな体験だとか、この土地でしか体験できないようなこと、東京の場合ですと、小さなお店が密に集まっているだとか、そういう物をイメージすると思いますけれども、そういう体験を人々は欲しています。その都市の本質を見抜いてそれらを活かすようなまちづくりが必要であると思います。

(福岡)

少し話題を変えて、場所や空間のお話をしたいと思います。槻橋先生は今日、市民の創造のプロセスとして、それを可視化して、みんなで共有するプロセスのお話しをされましたが、逆に今日のお二人のお話しを通して実際にどのように、そのような参加型のプロセスを推進されているのか、もしくはどのようにリバブルシティという戦略に反映されているのか、何か質問があればお願いします。

(槻橋修（以下槻橋）)

今日はサーシャさんのプロジェクトをたくさんご紹介して頂きまして、本当に今、時代は共通しているのだなということを感じています。そこで聞きたいのですけれども、今日紹介して頂いた、シドニーのプロジェクトではコミュニティから色々な情報を学ばせてもらうんだと、コミュニティから学ばせてもらって、それでデザインに活かしていくんだ、そういうお話でした。聞きたいのは、その場所を運営して行く人たち、なにか全体ではないにしても、部分的にでも、プレイスメイキングをコミュニティ自身がやり始める、プロジェクトをきっかけにしてやり始めることはあるのでしょうか？

(サーシャ)

まさにそのようなコミュニティがプロジェクトの最初の段階からしっかりと関わり、最終的に管理等を担当するような形が最も良い成功事例だと思っています。とにかく槻橋さんのプロジェクトでもご紹介されていたように早い段階から入ることが重要だと思っています。繰り返しになりますが、デザイナーがデザインを作って、それを得意顔で地域に見せる、そういうスタイルは全く良くないと思います。まず最初に地域に入って彼らが何を考えているのかを吸収する。そこからビジョンや価値観を顕在化させて共有することが重要だと思います。

(オースティン)

サーシャさんが話された点に共感していますが、少し補足させて下さい。先ほど槻橋さんのプレゼンでもありましたように、地域の歴史を知るということは非常に大切です。メルボルン市の場合は「シティ・アンバサダー」という役目の方がいて、プロジェクトをするときに市民の人たちに都市を考えるにあたって重要な項目についてレクチャーをしてもらう制度です。そのレクチャーは市民の人たちの思考を刺激し、更にその人たちを刺激することによって、プロジェクトをより良いものにしていくということができます。

もう一つ重要な点を補足すると、行政の機関の中のそれぞれの部署が目標を共有すること、それぞれが成果にコミットすることが非常に大事だと思っています。

(福岡)

次に私から質問です。今日お見せしていただいた皆様のプロジェクト、

メルボルン市内の街路的広場。魅力的な滞留空間をもつ ©Yo Nagasawa

それからオーストラリアのお二人のプロジェクトの中には行政が担当しているもの、民間の力によってつくられているパブリックスペースが登場しました。日本でも現在たくさんの官民連携の取り組みがなされているわけですが、そのような連携やパートナーシップ、それから事業費をどう作り出していくかなど、オーストラリアの現状を教えてください。

（オースティン）

実現化の方法について公共と民間領域でどのような役割分担をしたらいいかということですが、時代の流れとしては民間の役目を拡大しています。ですが私は、「行政には市民の人々にとってより良い公共的スペースを作っていくという責務がある」と思っています。何かプロジェクトを起こすと必ず経済効果等につながります。目に見える形で変化が起こるので、それらをデザイナーとして見せていくことで、行政がしっかりと役割を果たすことが必要です。

今後は官民の連携が大事です。民間中心に進められたドッグランズの例では、段階的に進めていったということもあり、とても早く実現化しましたが、最終的にできた空間にあまり地域に根差した雰囲気はありませんでした。そのような経験から公共の役割も重要だということを感じました。

今注目しているのは、メルボルン市のプロジェクトでクイーンビクトリアマーケットというプロジェクトです。ここは地域に根差した市場で生活機能を持っています。この市場が今後周辺の大学など様々な機関を巻き込みながら、より都市的な機能を複合していくような形で変化していきますのでぜひご注目ください。

（福岡）

今までリバブルシティに関して色々なお話を頂きましたが、遠藤先生、小泉さん、槻橋先生、ご自身が考えるリバブルシティのお話を踏まえて、またご自身の取り組みやプロジェクト経験を元に、逆にオースティンさんやサーシャさんに聞いてみたいことはありますか。。

（遠藤）

先ほどのリスクのお話はランドスケープでも建築でも同じようなお話がありますが、具体的にどのように合意形成をしていくのか詳細を教えてください。

（オースティン）

とてもいい質問をありがとうございます。リスクというものは常に革新と成長とペアになります。そこで大事なのは価値観だと思います。革新していきたいのか、成長を目指したいのかがはっきりしていたら、それに応じてリスクをとろうとなります。インセンティブをどのように作るのかに関しては、データが大事です。とにかく成功事例を分析して、環境的・社会的・経済的効果を可視化していくことが大切です。

スケールについて補足します。必ずしも大きなスケールの広域的なプロジェクトでなくても良いと考えています。スケールは関係ありません。今回紹介したプロジェクトはどれも小さなスケールで展開されています。地域と共存していくことが大事です。しかしリスクはとらないといけません。リスクがなければ同じような画一的な都市になってしまうので、「小スケールで地域と共同して進めていき、地域の人々のエネルギーを活性化させていくことが大事」です。

（オースティン）

私は今回日本に初めて来ましたので勝手な解釈は控えますが、逆に皆さんに聞いてみたいのは「大阪とはどういう場所ですか？」「大阪の本質とは何ですか？」ということです。それが似たような答えになるのか全く異なる答えになるのか、それが気になります。

（遠藤）

生活や文化、政治も含めてあまりストーリーのない混沌とした様子なのではないでしょうか。いい面も悪い面も含めた混沌に大阪の本質があるのではないかと思います。

（槻橋）

大阪以外の人から見て大阪の人というのは全員コメディアンですね。子供の時から生活の中に笑いを取り入れ、スポーツができるよりも笑いを取れる方が人気が高い。これは街の構造よりも人のキャラクターとして定着しています。

（小泉）

大阪の商店だとおばちゃんが喋りかけてくるけれど東京だと喋りかけて

こない、それに尽きるかと思います。

（サーシャ）

　いつも日本に来て感心するのが人と人の間の非常に近い距離感です。密度が非常に高い。また個々の建物のディテールに配慮して計画されているということにも気付きます。建物や場所のスケール感に寄らずにディテールが配慮されている。しかしそれらのスペースの連続性などはあまり感じられないように思います。そしてそれは何故なのかということが気になっています。

（小泉）

　日本でもオーストラリアも一緒だと思うのですが「人が集まって住むということに対する価値観の変化が重要」だと思います。昔は三世帯住んでいたのが今は核家族になってしまい、仕事場も住む場所も崩壊してしまいました。それをまた元に戻そうという動きがあると思うのです。またパブリックというのをリスクと捉えたときの、リスクの塩梅が時代によって変わってきていると思うのですが、事故が起こらないようにぎゅっと締め付けることを緩めようとする動きが日本では始まっているのかなと感じます。

（福岡）

　いろいろお聞きしたいことはありますがここで締めに入りたいと思います。オースティンさんにお聞きしたいのが、日本の都市は何が足りないの

ASPECT Studiosによるシドニー工科大学キャンパス　©Florian Groehn

魅力的なパブリックスペース。ストリートは子供たちのお気に入りの遊び場となる　©Yo Nagasawa

かということです。

（オースティン）

　健康というテーマがLivable Cityのランキングでも重要になっていて、その目標達成のためには開かれていて緑が多いということが大切です。iPhoneの画面ばかり見ているのではなく、それを一旦脇において都市の環境を楽しむことができるような都市にすることが重要なのではないでしょうか。私はそれぞれが街のアイデンティティを作るということが重要になってくるのではないかと思います。その街に行った時に今私がその町にいるということを感じられるような街にすること。シドニーの場合だと沿岸の美しい都市計画、メルボルンの場合だと都市の中を歩いていて感じられると思います。大阪の場合も都市のアイデンティティを見つけ出すこと、道行く人に聞いて大阪のアイデンティティは何かということを聞いていくようなことがとにかく重要だと思います。オリンピックという大きなイベントもあります。それぞれの街に来た時に「ようこそ」と感じられるような街にすることが重要です。

（福岡）

　本日は皆様ありがとうございました。

■アジアのサステイナブル・シティ
―水循環から発想する都市環境デザイン

レオナルド・ウン　Leonard Ng
ランドスケープアーキテクト　Ramboll Studio Dreiseitl Singapore 代表

私たちはドイツのドライザイテルという設計組織で、30年以上に渡って水循環やサステイナブルな環境デザインに取り組んできました。私は、そのシンガポール代表を務めています。今日はサステイナブルな環境デザイン、特にアジアにおける戦略とその実践について、プロジェクトを通じてお話しできればと思います。

最近皆さんは、自然の中で水に触れ合う機会があったでしょうか？　私たちも子供たちも、最近はコンピューターゲームやiPadなどをいじってばかりで、なかなか屋外に出て行きません。これはアジアのどの都市でも同じような状況です。私たちは非常に密度の高い、地面から切り離された狭い居住空間で暮らしています。まるでケージ（小屋）に入れて並べられた鶏のように暮らしているわけです。私たちに必要なのは、自由に動き回ることができる放し飼いの鶏のような状況ではないでしょうか？　私たちの役目は、次世代の子供たちが自由に動き回り、自然の中で様々なことに挑戦できる、豊かな感性を育むような場所を作ってあげることではないでしょうか？　それには今日世界中のどこの都市でも直面している爆発的な人口の変化、急激な都市化、気候変動、自然資源の枯渇、グローバル化という5つの大きな問題を解決する必要があります。このような問題は一日で解決できるものではありません。オープンスペースにおける水という観点から考えたときに、どのような解決ができるか、その実践と挑戦についてお話しします。

これは自然地と都市における水循環のダイアグラムです（図1）。水色の部分が蒸発散する水、黄緑色の部分が地中に浸透する水で、赤い部分が流出する水です。これを見ると自然地において流出する水の量は非常に少ないです。それに比べて都市では雨水の3分の2ぐらいが川に流出しています。流出量を抑えることによって、洪水を抑えることができます。また、蒸発散を加速させることによって、都市内の微気象の緩和に貢献できます（写真1）。

都市のように雨水がすぐに排出されるようなところでは、流出量が最大になる瞬間が、自然状態よりも早く来ることがわかっています。アジアのいたるところでは毎日洪水が起きていて、大きな損害をもたらしています。私たちを取り巻く気候は日々変化しています。グレーインフラでは対応しきれなくなっているというのが世界の都市の現状ではないでしょうか？　私は、問題に対する人々の認知度を上げるためには自然生態技術だけではなく、「どのようなデザインをしなければいけないのか？」「デザインは何ができるのか？」を考えるべきだと思います。

都市を考える時、常に見えているのは一番上の視覚的な部分や建築的な部分だけですが、その下にはインフラがあり、それを支えるエネルギーや

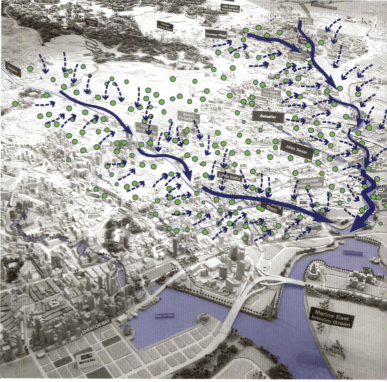

写真1：水循環に配慮した都市デザイン　©PUB Singapore, Ramboll Studio Dreiseitl

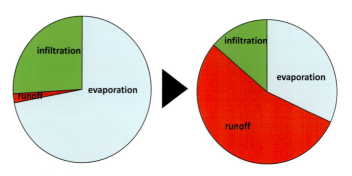

図1：自然地（左）と都市（右）における水循環。水色が蒸発散、赤が流出、緑が浸透を示す
©Ramboll Studio Dreiseitl

文化やゆったりと流れる土地の記憶全てを見ながら考えないといけません。川や雨水は暗渠化してしまうと何も見えませんが、水がどのように地面に戻っていくかを視覚化してオープンにすることで、人々の認知度を上げることが可能なのではないでしょうか。

15年ほど前に作ったドイツの水が流れる階段は、フローフォームといいますが、水が流れる形と流れていく水の両方を使って表現しました。地域の中の小さい公園ですが、洪水が起きると、遊水池としても活用することができる多機能な面をもっています。また、小さな水路でも、上に蓋をか

第1章 リバブルシティのビジョンとアプローチ

写真 2〜4：プリズマでは水循環の仕組みが建築デザインに組み込まれている
©Ramboll Studio Dreiseitl

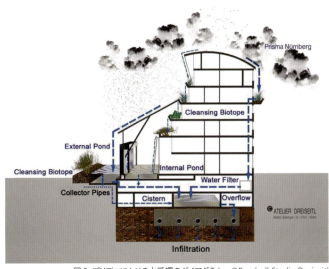

図2：プリズマにおける水循環のダイアグラム　©Ramboll Studio Dreiseitl

ぶせて水質浄化の機能を組み合わせることによって、コミュニティの利活用ができる空間に変えることができ、浄化、水の流出量の調整等を全て一気に解決することも可能です。

東京の渋谷川をどのように変えることができるか想像してみてください。このように日本の都市内にも色々なポテンシャルがあります。次は小さな河川の河口部に堆積しながら水を浄化できるシステムのアイデアをご紹介します。このシステムは水の流れによって変化する地形のあり方やパターンを研究し、河口でどのように水質浄化が可能かを考えるきっかけとなりました。屋上緑化や、地上部の緑地の整備、河川の再自然化等を全て包括的に考えて、システムとして環境をデザインすることが重要です。1つの街区の中での包括的な水循環を都市スケールに拡大していくと、住宅地でも大量の水を取り扱っていることがわかります。このようにして水を一つの環境システムとして捉えることにより、都市に対して非常に大きな貢献ができるのではないかというのが私たちの考えです。環境をシステムとして考えるときには、都市デザインや文化、インフラ等、様々な要素を考えて、相互に有益なデザインをしなければなりません。

これは私たちの事務所が関わったドイツ・ニュルンベルグ市のプリズマというプロジェクトです（写真2〜4,図2）。この4階建ての建物には非常に大きなアトリウムがあり、アトリウム内部には植栽された広い半屋外空間があります。屋根によって集められた雨水は、バルコニーに設置された植栽テラスを通すことで浄化され、最後に屋外のビオトープに溜められて浄化されます。雨水は最終的に地下で貯留され、余剰分のみを地中に浸透させています。屋外のビオトープ池とアトリウムの間には人工的に滝が作られ、水を流すことによって冷たい空気をアトリウム内部に取り入れる熱環境のシステムも同時にデザインしました。日本の水処理施設は、建物の中の見えないところにあるイメージですが、このようにオープンなシステムを作ることで、水の浄化や、水が下流に流れていく排水という一連の水循環のプロセスが目に見えるようになり、快適な環境を作ることが可能になります。

これはアラブ首長国連邦アブダビのザイード国立美術館というプロジェクトです（写真5）。この地域の厳しい気候に対して考慮したデザインをしました。まず、この地域の在来植物を組み合わせて使い、この地域に適した環境を作りました。美術館の機能は、すべて人工的に作られた山の地中に埋められています。夜間と日中の大気中急激な温度差によって発生する大気中の露のような水分を、特殊塗料の塗られた構造体を通じて集めるため、地上部に突出した形をしています。中東の気候は海から吹いてくる風が特徴的です。構造体の表面にはポリマーというものが塗ってあり、そこで風からも水分を吸収し、この山のランドスケープの植物の灌水に使っています。水景施設も季節によって変化する、地域の気候に合ったデザインになっています。

次にお話しするのはシンガポールのクリーンテック・パークという、オフィスとオフィスパークのプロジェクトです。これは従前の状況ですが、ここには猿がいたり、植物が繁茂しています。敷地には大きな丘が3つあり、その真ん中が低くなっている窪地に水が集まってきます。私たちはこの地形をできるだけ変えずにオフィスパークを作ることを考えました。敷地内では、色々な動物が動き回る道筋や、水がどのように流れるかなどを調査しました。円環状になっているのが動線です。このように動線をコンパクトにして建物を一箇所に集中するように配置しました。森林は、低いとこ

写真5：ザイード国立美術館　©Foster + Partners

ろは湿った水分を好むものを植えて、2つのタイプの森林を組み合わせることで、自然の生態系を新しく再生していくことを考えました（写真6）。しかし、敷地を掘削していった時に、不法に投棄されたゴミが多く埋まっていることが分かりました。私たちは、このような地形をうまく利用して汚染された水系をもう一度再生し、植物の力を借りてこの土地の力を回復する水循環のデザインに挑戦しました。敷地内の70％の表面排水を人工的に作った湿地の中に貯留し、内部で水を浄化して、綺麗になった水を地域の河川や公共のシステムに流すデザインです。時間軸のデザインや森の生態系やタイプが変化する遷移のデザインに対応して植物、動物、生物の生息域がどのように変化していくかということを予想しながらデザインしました。この場所が20年後、植物の遷移が進むことによってクライマックス（極相林）の状態に達した時にはこのような環境になるのではないかということを目標に設計を進めました。

　次に順応と強化についてお話しします。都市の中で価値の高い場所に対して、環境を組み込んでいくにはお金がかかります。それをどうやって実現してきたかということについて、1つのプロジェクトを通じてお話しします。カラン・リバーサイドという川沿いの複合開発では、開発庁の管轄のもとで作成されたマスタープランの修正計画に参画しました。既存のマスタープランでは緑地は配慮されていますが、道路の配置が優先されているため、全てを分断していました。私たちは道路を地下に埋め、その上を緑化することで山のようにして、歩行者や自転車交通を優先したプランに変えました。まるでガーデンシティ（庭園都市）の中に住んでいるような場所を作ることを目指しました。普段はサッカーをしたりレクリエーションに使うことができるオープンスペースですが、雨が大量に降った非常時には遊水地として機能するように容量が設定されています。排水も美しくデザインすることで人々が快適に思う場所を作ることが可能になります。シンガポールの法律では、新しく開発をする際には建物の表面積と同じだけ緑化をしなければならないことが定められているので、建物の垂直面、屋上、地上面も使って緑化を進めなければなりません。ここで私たちは、要求された緑化（グリーン）の上から水（ブルー）のレイヤーを重ね合わせて、表面水の流出のスピードを抑えることで、下流の河川にプレッシャーがかからないような環境システムを考えました。この時の水の流出のスピードは普通の緑地と同じ位の0.45という値で、コストや利益率の計算を行ったところ、この新しい水循環に配慮したデザインは15％程度コストが高くなるということが結果として出ました。しかし、どのように人間の生活の質（QOL）にとって価値があるのか、人間が暮らしやすく、都市の中で健康的に過ごすことができるのかという価値基準を加えることによって、このコストの利益率や評価が逆転します。より良いデザインをすることによって、非常に高い価値を作り出すことが可能になります。

　最後は2年前に竣工した都市型の河川公園と新しいグリーンインフラのプロジェクト、ビシャンパークに関してお話しします。通常は一滴の雨水が地面に落ちると、できるだけ早く排水路を通じて河川に流して処理するというのが、現状のインフラのシステムです。シンガポールは非常に国土

写真6：シンガポールのクリーンテック・パーク　©Ramboll Studio Dreiseitl

写真7：ビシャンパーク。都市型の河川公園は新しいグリーンインフラとして機能する　©Ramboll Studio Dreiseitl

が狭くて飲み水を隣国からの輸入に頼っているような国なので、地面に落ちる一滴の水でさえも非常に貴重です。そのような水を、それぞれの敷地で浄化して浸透させて、地域の少し大きいセルのようなシステムの中にゆっくりと流してから最後に河川に流していくことによって、水が流れるスピードも水質も変えることができます。私たちはシンガポール国土の都市計画レベルの水循環のマスタープランを担当しています。この中で一番規模が大きく、核となるパイロットプロジェクトの一つとして、ビシャンパークがあります（写真7, 図4）。ビシャンパークの敷地は65haで、周囲は非常に高密度の高層集合住宅によって囲まれている都市型の公園です。従前の状況は3kmの長さがあるコンクリート三面張りの排水路でしたが、フェンスがあるので、住人がこの公園に直接行くことはできませんでした。この排水路は雨が降ると水かさが急激に増して危険になります。私たちは川の形を自然に戻しつつ、氾濫原としての機能を担保して、既存の都市型の公園と一体的に再デザインすることを提案しました。

しかし、どこの国でも同じく、敷地の左側の住宅があるところは住宅局の管轄、河川は河川局、公園の部分は公園局、という細分化された縦割りの考え方がシンガポールでも根強くありました。私たちはこの3分野が連携することによって、雨が非常にたくさん降って水が多いときは河川になり、乾いているときは公園の面積が増えるというように、この場所を共有し、オープンな議論をしながら公園を考えていきました。左側は敷地全体のコンクリート張りの河川の標準断面ですが、右側は私たちがデザインした自然型の氾濫原を含んだ河川の断面です（図3）。場所によって幅が違うし深さも違う、よりダイナミックな断面になっています。政府や施主は

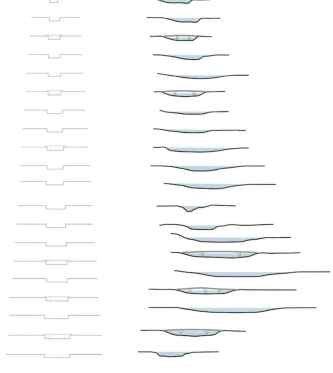

図3：ビシャンパーク断面の変化。従前の標準断面（左）と従後の多様な断面形態（右）
©Ramboll Studio Dreiseitl

047

図4：ビシャンパーク全体の平面図　©Ramboll Studio Dreiseitl

プロジェクト当初は非常に懐疑的でした。そこでまず実験をしてみようということになりました。暗渠になっている排水路を6ヶ月間、開渠にして、斜面にバイオエンジニアリング（生態工学）の技術を使って、実験的に提案した河川の新しい断面を作りました。このテストプロット（実験場）の中で、3ヶ月、6ヶ月、1年と継続的にモニタリングをしました。川が流れる場所や蛇行によって、かかる負荷が違います。その影響で川が護岸をえぐり取っていきます。それに対していろんな植物を組み合わせて、バイオエンジニアリングの技術を使ってコンクリートに変わる護岸を作りました。護岸は1年経つと、繁茂した植物に隠れて目に見えなくなり、この上の緑、そして水が見えてきます。また、この新しい公園を実現するために多くの水のシミュレーションも行いました。この公園が氾濫原として持っている最大の許容量を大幅に引き上げ、流速が速いところや遅いところを水の流れのパターンでシミュレーションし、それによって川の形を考えていきました。

公園がオープンした後、10年に一度の洪水が起きました（写真8,9）。

写真8,9：日常時のビシャン川（上）、氾濫直後のビシャン川（下）©Ramboll Studio Dreiseitl

氾濫時は写真のように氾濫原が水でいっぱいになります。通常はゆったりと流れていて、子供が近づいて水に触れることができる場所になっています。川の中の小さな島や有機的な護岸の形はデザインされていないように見えるかもしれませんが、全てデザインしたものです。ビシャンパークができる前は、住宅が排水路に面しているということで非常に資産価値が低かったようです。それが公園に面するように変わったので、周辺の不動産価値が120～150%上がったと言われています。その結果、他の行政地区でもこのような公園が欲しいという要望が殺到しました。川を渡る飛び石のようなものを最初に提案したときには、クライアントは、「こんなところを子供が歩いて下流に流されて溺死したら誰が責任を取るのか？」と言いました。これに対して私たちは、水位が上がった時にオレンジ色の光が点滅するような、ドイツ式の緊急用の安全システムを考えて川と公園の安全性を確保したところ、こういう飛び石をもっと作って欲しいという要望が増えました。

次に、浄化ビオトープと私たちが呼んでいるもので、植物の力と地中のバクテリアの力、それから地中の層の作り方によって水を浄化する技術についてお話しします（図5）。公園の中の池の水質を改善するために、川から水をポンプアップして浄化ビオトープの中に流し、最終的に公園の中の池の水の浄化をしていく仕組みを考えました。この中の組み合わせを使って、毎回必ず1つのビオトープを休ませるようにしています。畑や農業と同じで、あまり浄化をさせ続けると浄化の機能が疲れてしまうので、休む時と働いている時と、浄化ビオトープのモード分けもデザインしました。溶岩質の石や砂、植物などのそれぞれの層によって、取り除かれる汚染物質や栄養分が違います。植物に関しても、異なる植物によって違った栄養素や汚染物質を取り除くことができます。そうしたものを組み合わせることで、包括的に水を浄化していく構造になっています。層の中に入っている石の一部についているバクテリアが水の中の窒素を分解したり栄養分を食べて取り込んだりして、水が綺麗になります。例えば窒素やクロロフィ

写真10：ビシャンパーク。市民の誰もが水にアクセスできる公園　©Ramboll Studio Dreiseitl

ルなどの汚染物質の数字を、いろいろな物質を使って抑えていきました。子供の遊んでいる水の遊び場の水質を検査したところ、浄化ビオトープを通すことで数値が激減して水質が改善されていることが分かりました。また、数ヶ月前にテストした時はほとんど飲料水に近いような水質に戻っていることが確認できました。このようにして一日のうちに64万8000リットルの川の水を取って、約860万リットルの池の水の水質を浄化する仕組みを作ることができました。こうした水処理が施設ではなくランドスケープの一部として成り立っていて、人々が楽しい時間を過ごすことができる美しい場所にもなっています。浄化ビオトープは子供の水の遊び場に近接していて、浄化された水の中で子供が遊ぶことができるような水の利用もしています。コンクリート三面張りの排水路のコンクリートは、再利用して丘のように積み上げ、その上にパブリックアートを設置しました。このように私たちがビシャンパークをデザインしていったもう一つの理由に生物多様性の向上という目標がありました。シンガポールの自然資源庁の調査によりますと、オープンしてから1年間に20％、生物多様性が向上していることが確認できました。私たちは水で人をつなげて、子供や家族が水に触れて、水の大切さについて考えることができる、水の意味に触れることができる場所を作ることができました（写真10）。スポーツやジョギングをする場所もあります。以前のシンガポールではこういうジョギングをするような光景は見られませんでした。このような光景が生まれてきたことが、私たちがやってきたことが目に見える形で現れている結果なのだと思います。

図5：浄化ビオトープの構造ダイアグラム　©Ramboll Studio Dreiseitl

レオナルド・ウン [Leonard Ng]

[ランドスケープアーキテクト／ Ramboll Studio Dreiseitl Singapore 代表]
ウーバーリンゲン（ドイツ）、北京、シンガポールを拠点としたサステイナブルなランドスケープ・都市デザイン事務所 Ramboll Studio Dreiseitl のシンガポール代表。カナダ、ニュージーランドで経営学を専攻、金融系コンサルタントを経てイギリスの AA スクール大学院ランドスケープアーバニズム専攻修了。水循環に配慮した都市デザイン、サステイナブルな環境デザイン・プロジェクトにアジア全域で取り組む。代表プロジェクトとして、シンガポールの都市型河川公園 Bishan Park、シンガポール全島の水のガイドライン、フィリピン・マニラの Unicorn 都市マスタープラン、インドネシアの Tanjung Ringgit エコ・リゾートなど。シンガポール建築家協会サステイナブル委員を務めるほか東南アジア地域での講演多数。

■ドイツのサステイナブル・デザイン
—気象と環境性能から建築・都市を構想する
クライメイト

ヤン・メナート　Jan Mehnert
クライメイト・エンジニア　Transsolar, Germany

　サステイナブルな都市をつくるときに、私たちはエネルギーと快適性、常にこの2つを指標にして考えています。エネルギーをどう考えるか、そして建物や都市空間の中での快適性をどのように考えるか、ということについて、これからお話ししていきます。私たちの基本的なアプローチは3つあります。1つ目は温熱環境と快適性を考える、2つ目は熱したり冷やしたりというエネルギーの利用を最小限に抑えること、3つ目は設備に対するコストとメンテナンスのコストを最低限に抑えることです。戦略としては、まず第1に、パッシブなアプローチを取って、建物の中でできるだけエネルギーの利用を減らしていきます。第2に、屋外からの風や地面で熱を吸収するなどのアクティブな環境システムを取り入れ、そして第3に、再生可能エネルギーも取り入れながら建物をデザインすることによって、最終的に三段階で建物のエネルギー使用を抑えることを心がけています。私たちのアプローチは数字で示すものだけではないということです。例えば、大きい車にソーラーパネルをつけるようなやり方ではなくて、デザインの中で熱環境やクライメイトを変えていく事を目指しています。

　私たちが所属するTranssolarという組織は1992年に設立されました。現在、ドイツのシュトゥットガルト、ミュンヘン、アメリカのニューヨークとフランスのパリで55名のエンジニアが働いています。ヨーロッパのプロジェクトが大体50%、アジアは20%、北米は30%という構成になっています。

　これは2010年にベネチア・ビエンナーレ国際建築展に出展した「クラウドスケープ」というプロジェクトです（写真1,2）。環境工学という分野は目に見えない数字や空気の流れやエネルギーなどを追っている場合が多いのですが、私たちは、それを可視化するために雲のある風景、クラウドスケープをつくるプロジェクトに挑戦しました。雲を作るためには、自然の状態をきちんと理解することが大切です。まずは、どれくらいの高さで、どれくらいの温度や湿度で、どのような状況で雲が作られているかを、もう一度理論的に勉強し直しました。この雲は、3つのレイヤーに空気を分けることによって作られています。一番下は18℃で湿度40%の冷たい空気のレイヤー、一番上は37℃で湿度60%の暖かい空気のレイヤー、その真ん中は25℃〜35℃で湿度100%のレイヤーですが、ここで雲が生まれます。湿度が100%で、水をスプレーしていくことで雲が作られていきます。設備的にも色々な挑戦をしました。暖かくて湿った空気、それから冷たくて乾いた空気、それらを作り出すのは複雑な舞台裏の装置です。このスロープは日本の建築家・近藤哲雄氏が設計されたものですが、スロープを昇り降りすることで、建物の中で異なる温度や湿度が体験できるようになっています。一番下の部分は冷たいのですが、歩きながら登っていくと徐々に暖かい湿った空気を感じることができます。雲の上に立つこともできるのです。

　4年後の2014年に、私たちはもう一度ベネチア・ビエンナーレ国際建築展に戻ってくることができました。これはロシアのパビリオンで、ザルヤードパークという公園のプロジェクトです（写真3〜5）。ニューヨークのディラー・スコフィディオという建築家と一緒に、新しい環境の快適性をインスタレーションとして見せました。ここは4階建ての建物の中庭です。なかなか光が届かない場所を敷地に選んで、屋外の快適性をデモンストレーションしました。この展示の中で、パッシブなシステムとしては太陽の光を取り入れる反射板があります。それからコンクリートのパネルの中に毛細血管状に熱を通すことができる部材も開発しました。この中に暖かい水や冷たい水を通すことによって部材表面の温度が変わります。限られたコートヤードのスペースの中に、暖かいベンチと冷たいベンチ、冷却水を流した冷たい壁と温かい壁、それから太陽の光を感じられるような場所、多様なクライメイトを感じられる場所を作りました。これは赤外線カメラで見ている状況です（写真6）。オレンジ色になっているところが30℃ぐらいで、太陽光を集めているところは暖かくて快適だということがわかります。左側は13℃に冷やされているベンチで、右側は30℃の温かいベンチです。裏の壁は冷やされていて、このようにミクロな環境の中でも色々な温熱環境を経験できるようにしています。これはコートヤードを上から見ています。この中でどこが暖かくてどこが冷たいか、快適な場所がどこかというのを赤外線カメラで示しています。

　私が最初にベネチア・ビエンナーレの2つの事例をご紹介したのは、屋外の快適性に関して間違った解釈がされていることを訴えたかったからです。屋外の快適性は気温と湿度だけでは計ることができません。気温や湿度、輻射熱、風の流れ、太陽の方向や熱の大きさ、そういったものに加えて、私たちの体から出ている熱と同じくらいの熱を放出しないと快適にはなりません。それぐらい複雑だということをまず理解していただきたいのです。体感温度は人間によって異なりますし、自分が身を置いている環境によっても異なります。一般に14℃〜20℃の間が快適な温度と言われています。

　次はフランス・パリ市のプレイス・ド・リパブリックという広場のリノベーションのプロジェクトをご紹介します。最初、壁によって風が遮られていて、床の素材は黒い御影石でした。広場は太陽の熱にさらされている状態でした。この状況では1.5%の人しか快適と感じておらず、ほとんどの人は暑いと感じています。そこで、まずは床の素材の色を変えました。白色が基調の石に変えることで快適性が2.2%高まりました。次に風の動きを出すために壁を取り除いて風の流れを良くしたところ、快適性が約10%

写真 1,2：Cloudscapes（近藤哲雄氏と協働）、第 12 回ベネチア・ビエンナーレ国際建築展　2 点とも ©Tetsuo Kondo

写真3〜5：ザルヤードパークにおける屋外空間快適性の実験　©Transsolar

上がりました。さらにシェードのような、太陽の熱から人の体を遮るようなものを作ったところ、快適性が34%上がりました。樹幹の大きい木を植えて日陰を作り、新しい水景施設を入れると、そこから蒸発散する水分によって快適性が51%まで上がりました（図1）。このような操作によって、大きい水盤の周りに人が座ったり、水景施設で子供が遊んだり、沢山の人たちが屋外の場所を使うようになりました。

　日本ではコンパクトに住んでいると言われますが、密度の高い都市の中に居住することで、本当にエネルギーに対して効率的な生き方をしているのでしょうか。建物の中の環境を制御するだけではなくて、そもそも私たちの居住空間にはミニマムでどれくらいの面積が必要なのでしょうか。これはそういう疑問を突き詰めていって考えた一つのプロトタイプで、建築家のレンゾ・ピアノとヴィトラという会社が提携して作ったDiogeneというプロジェクトです（写真7）。11㎡という小さい居住空間を実験施設として作りました。太陽光発電などを備えていて、世界中のどの気候帯においても機能するような自立循環型のユニットです。断熱材は、3cmの厚さのEPSフォームにアルミニウムのホイルを巻いて、新しいバキューム・インシュレーションの技術を開発しました。これは大体16cmの厚さのEPS断熱材と同じくらいの効果があります。この居住ユニットはどこにでも動かすことができますし、内部には太陽の光が入り、寝ることもできる、非常に快適な最小限の住宅のプロトタイプです。

　次は、KPMBという建築家集団と共に設計したカナダのマニトバ・ハイドロという電気会社の本社屋をご紹介します。マニトバの気候は非常に厳しくて、夏は35℃ぐらいまで上がりますが、冬はマイナス33℃まで下がります。温度差が年間で大体70℃あり、そういう厳しい環境の中でどのような建物の設備を設計するかを考えました。リサーチをしていく中で、ここはカナダで一番寒いところなのですが、一方で、カナダで受ける日射量が一番多いところだということも分かりました。これは設備の構造を示す図です（図2）。太陽の熱を取り入れるようにパネルが付いています。青いところはアトリウムになっていて外からの外気を取り入れます。右側の奥にあるオレンジ色のところがソーラー・チムニーで、ここから排熱を行っていきます。建物の上の部分はパッシブですが、地下の部分は地熱を使っていて、アクティブなシステムも併用しています。この建物のファサードに付いているソーラーパネルを使って、外から取り入れた空気を冷やして

写真6：屋外空間の快適性を赤外線カメラで見せる　©Transsolar

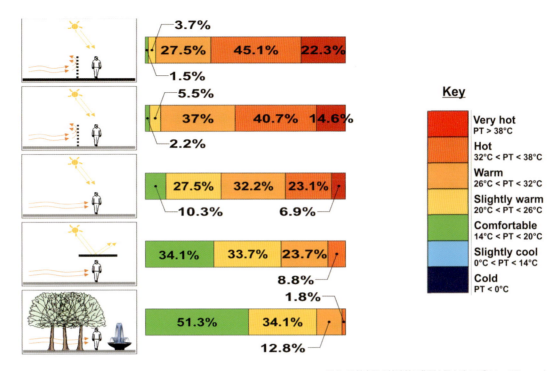

図1：屋外空間の快適性の指標を示すダイアグラム　©Transsolar

写真7：自立循環型の最小ユニット住宅 Diogene　©VITRA

図2:マニトバ・ハイドロ。建物の温熱環境のシステム ©Bryan Christie Design

建物の中に回しています。夏は暖かい空気がソーラー・チムニーに引っ張られるようにして建物の外に逃げていきます。また私たちは、「TRNSYS」という建物の中の熱環境をシミュレーションするソフトウェアを開発しました。アトリウムの中の温度やエネルギーの使用量を同時にシミュレーションし、解析しています。風の流れのシミュレーションでは、建物の中にどのように自然の空気を取り入れるか、ただ自然換気を取り入れるという動きの解析だけではなくて、ビル風問題を起こすことなく建物外部の人間にとっても快適な風環境を作ることを目指してシミュレーションしながら、建物のボリュームの形を変えていきました。同じような解析ソフトを使ってそれぞれの階別に光の量をシミュレーションしました。このように光が直接自分の机の上に来るような厳しい光環境を避けて、できるだけ快適な光環境を作ることを階別に考えていきました。そして、建物が建ってから建物の電気の総使用量を制御していきました。オープンしてからは、環境をモニタリングする中でチューニングをして、エネルギーの使用量も微調整しながら次第にエネルギーの使用量を抑えていくことができました。私たちがシミュレーションして設定した計画時の目標値は88kwでしたが、2012年になってこの目標値にやっと近づくことができました。

次は中東のアラブ首長国連邦のMasderという都市開発プロジェクトをご紹介します(写真8,9)。私たちは次の世代のために、2050年までに炭素の排出量をゼロに抑えないといけません。ここでは炭素の排出量がゼロとなるような都市のマスタープランを、イギリスの建築家集団・Foster+Partnersと共同で行いました。Masderは、一番暑い時は45℃以上に気温が達する時があります。夏の夜間は湿度が50〜90%で30℃前後になるという非常に厳しい環境です。一方で良いところもあり、Masderがある場所では2200kwもの太陽エネルギーを使うことができます。大阪は約1400kwなので、Masderは非常に太陽光発電のポテンシャルがある場所と言えます。ここでも先程のマニトバと同様に、風を使うことを考えました。日中と夜間で風の向きが違うので、それを取り入れながら都市の構造を考えていきました。最初に考えたのは街路のオリエンテーションです。南北方向にとると、東から西に太陽が動くので、多くの時間帯で快適な影ができることがわかりました。これを90度回転させて東西方向へ街路を配置すると、街路が熱されて熱くなります。最終的には風の向きを考えて、45°という角度に落ち着きました。自然の風の動きを取り入れながら、暖かい空気や冷たい空気を取り込んでいくと同時に、建物の配置やボリュームも工夫して、できるだ

写真8,9:Masder都市プロジェクトのイメージ 2枚とも ©Foster + Partners

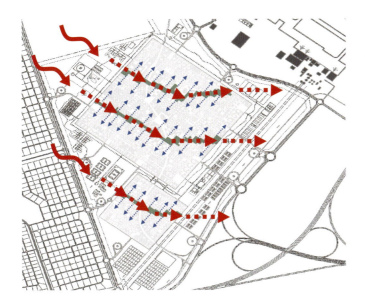

図3,4：Masder 都市内の人工的な風の道の創成　2枚とも ©Foster + Partners

け日陰や人々が快適に暮らせる屋外を作ろうと考えました。赤い矢印で示しているのは、日中に北西方向から吹いてくる温かくて湿った風です。公園や緑地を使ってこの暖かい風を冷やします。緑色で示した緑地で冷された空気が、少しずつ街路の中に染み出していく構造を考えました（図3）。夜間は逆に南東の砂漠の方から冷たい風が吹いてきます。この風を使って建物の中や街路の中にたまった暖かい空気を押し出すような構造を考えました（図4）。砂漠では表面温度が67℃、市内中心部は表面温度が71℃まで上がります。しかし、柱廊があるところや谷のように掘り込んだ建物を作っているところは40℃まで温度が下がります。Masder 市内の庭は、緑があって蒸発散が起こりますので非常に快適な環境になり、38℃まで表面温度が抑えられることが分かりました。アブダビ市内中心部の夏の日中の様子を赤外線カメラでとらえたときの表面温度ですが、建物は大体38℃、アスファルトの表面は57℃まで上がります。建物と建物の間は大体100メートルぐらいですが人々は暑くてここを歩いて渡ることができません。そのために車を使って隣のビルに移動しています。Masder の街区の一部を例にお話ししますと、この中では壁は35℃、人が歩いている高さでは大体34℃ぐらい、それから地表面33℃に下がっていますから、中東にとっては非常に快適な屋外環境が作られている事が分かります。

　今までのお話はパッシブなシステムですが、ここからはアクティブなシステムについてお話しします。ここでは再生可能エネルギーを使いながら、建物を冷やしていくアクティブなシステムを実現していきました。太陽光や排熱を使ったもの、チューブを使ったもの、それから風を使ったものなど様々な再生可能エネルギーを組み合わせて使うことにしました（図5）。これによって炭素の排出量ゼロを実現することが可能になりました。通常、アラブ諸国のエネルギーの使用量は、1㎡あたり400kwですが、Masder の街区の中にできた大学の建物では65kw になるようにデザインしました。実際に測定してみたところ1㎡あたり100kw という結果になっていました。まだ完全なシステムとは言えませんが、このようにパッシブなシステムとアクティブなシステムを組み合わせて、都市の中のサステイナブルな環境を作り上げることに成功したのです。

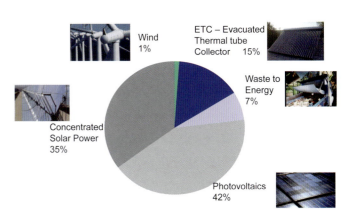

図5：アクティブとパッシブなシステムを組み合わせる　©Foster + Partners

ヤン・メナート [Jan Mehnert]

[クライメイト・エンジニア／ Transsolar, Germany]

シュトゥットガルト、ミュンヘン、ニューヨーク、パリを拠点としたクライメイト・エンジニアリングの専門家集団 TRANSSOLAR は環境エンジニアのフロントランナーとして建築家 Herzog deMeuron, Steven Holl, Foster+Partners, SANAA 等との協働で革新的なプロジェクトのクライメト・デザインに関わる。講演者 Mehnert 氏はドイツ Bochum 大学とカナダの Concordia 大学で環境工学を専攻後、ドイツの Fraunhofer 太陽エネルギーシステム研究所にて建築の温熱環境に関する研究者として勤務後、TRANSSOLAR のメンバーに加わる。代表的なプロジェクトとして Lippstadt のサステイナブルな学校建築など建物の環境デザインに関わるほか、2014年のベネチア・ビエンナーレではコンクリートの屋外空間を水で冷やして場所の快適性を上げるインスタレーション等も担当している。

■ポートランド市のグリーンインフラ（GI）戦略最前線
─夢から実践へ　30年間のGI展開について語る

ドーン・内山　　Dawn Uchiyama
米国ポートランド市環境局アシスタント・ディレクター（グリーンインフラ担当）

ポートランド市環境局とのグリーンインフラ

　ポートランド市は今まで数十年かけてグリーンインフラ（以下GI）に取り組んできました（写真1）。GIはポートランド市の数人の職員による小さな取り組みから始まりました。まずGIの背景と定義、そして約30年間のGIの取り組みのタイムラインとその中でのブレイクスルー（成功）について、「GIは本当に機能しているのか？」「これから先の将来を見据えてGIの展開をどのように考えているか？」という流れでお話しします。

　ポートランド市は、カスケード山脈が連なるオレゴン州の都市で非常に自然が豊かなところです。Urban Growth Boundary（UGB、都市の開発境界線）というのを設定しており、この線の内側では都市開発により人口密度を上げるように推奨しています（図1）。外側では森林や自然地、農地などに土地利用の規制がかけられていると同時に、UGBの中でも緑地やオープンスペースの量を増やしています。私は現在ポートランド市の環境局に所属しており、アシスタント・ディレクターとしてGIに取り組んでいます。環境局は公衆衛生、水質、下水・雨水など一連の水に関する分野に責任を持っています。ポートランド市の年間平均降水量は約970mmで、これは日本の平均の大体半分です。10月～2月にかけての降水量が多く、1時間に25mm以下の雨が80%程度を占めます（図2）。ポートランド市内では、3つの水管理システムがあり、合流式、分流式のシステムが混在しています。

　私たちは2つのことを大切にしながら仕事をしています。1つ目は敷地

写真1：環境先進都市としても名高いポートランド市
©City of Portland Bureau of Environmental Services

スケールのGI、雨水施設のデザインです。2つ目は都市スケールのGIです。私が主に取り組んでいるのは敷地スケールのGIです。都市スケールのGIに関しては管轄外ですが、部局間で意見を共有しながら方向性を議論しています。

ポートランド市GI展開のタイムライン

　次に、過去25年間のGIのタイムラインについてお話しします（図3）。まずGIの始まりですが、1990年頃にポートランド市の職員が雨水の管理手法として駐車場内のアスファルトを剥がして雨水浸透可能な植栽帯を整備したのが最初です。1993年には雨樋非接続プログラムという、雨樋

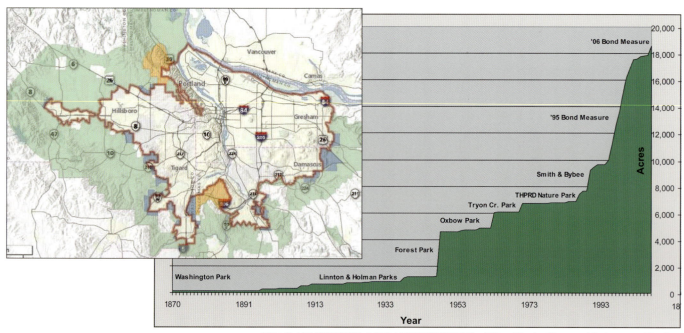

図1：ポートランド市に設定されたUGBと公園緑地面積の変更　©City of Portland Bureau of Environmental Services

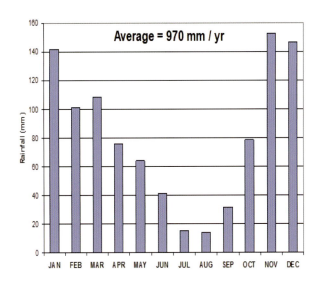
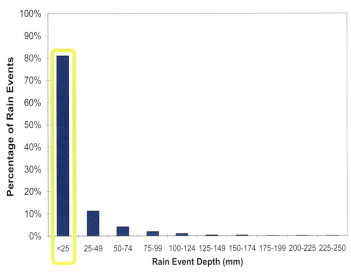

図2：ポートランド市における降水量　©City of Portland Bureau of Environmental Services

の雨水を庭などに誘導して雨水管から外し、雨庭を創出する取り組みを始めました。同時期にポートランド中心部を流れるウィラメット川の氾濫によって、合流式下水道地域の下流部で家屋の地下室が浸水する被害が起きます。これがポートランド市に対する訴訟問題として発展しました。そして、1994年に合流式下水道の削減が議会で決定されます。1999年に雨水管理マニュアルが刊行され、同年にポートランド市で最初の民間GIとしての屋上緑化プロジェクトが竣工します。2000年代に入ってから（図4）ポートランド市はグレーインフラ、すなわち氾濫対策で2つの地下雨水トンネルの建設を決定します。また、米国環境保護庁(EPA)の助成を獲得し、12のGIのパイロットプロジェクトを建設しました。ポートランド市ではまず、GIのプロジェクトを展開することにより市民にGIを体験してもらい、更なる推進力につなげるという施策を常に取ってきました。2003年に初めて、道路空間の再配分によって歩行者空間を拡幅、LRTの建設に伴って雨水の一時的貯留・浸透機能をもつグリーンストリートのプロジェクトを始めました。2005年には、ウィラメット川の流域圏マネジメント計画を発表しました。同時に、2006年にウィラメット川流域圏に工場や広大な敷地をもつ民間企業に対するインセンティブのプログラムも始めます。

2007年〜2014年までの流れですが（図5）、2007年に「Tabor to the River」という1つの集水域単位のGIである、持続的雨水管理プロジェクトを開始しました。これはウィラメット川に流出する集水域の中の重点地区プロジェクトの一つです。2008年にはポートランド市で「Grey to Green Initiative」というプロジェクトを始めます。ここで予算をつけて、グレーインフラの更新期に合わせてGIと併用しながら導入していきました。このように、GIは市内で急速に展開したため、2014年には都市スケールでGIがどのように機能しているかを調査するために雨水管理のリスクアセスメントを始めました。

GI適用策と流域圏マネジメント

1991年〜2011年には合流式下水道越流水対策として、グレーインフラの地下トンネルの建設など、年間2270万㎥の越流を削減することを目的にしました。また、1993年〜2011年には56,000件の雨樋非接続を実施しました。これは住宅では約26,000件にあたります。このような地道な点のGI展開も進めてきました。こうした積み重ねの成果もあり、雨水に関連する建築基準法も少しづつ改正されていきました。これは雨水管理マニュ

図3：ポートランド市におけるGI展開のタイムライン 1990〜1999　©City of Portland Bureau of Environmental Services

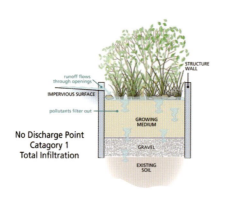
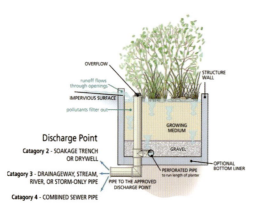

図6：雨水管理マニュアルに示された詳細図
©City of Portland Bureau of Environmental Services

アル内の図（図6）ですが、ポートランド市では具体的な設計を想定してガイドラインを作成しています。このガイドラインは敷地面積が46㎡以上の新規プロジェクトを対象とし、GIの適用を推奨しています。この雨水管理マニュアルの中ではプロジェクトの敷地の大きさやタイプに応じてどのような手法が適用できるのか、詳細の標準断面や平面図、そして雨水管の口径まで設計できるように雨水の流出量や浸透量の簡単な計算式のフォーマットを示しています。詳細や個別の情報に偏らず、GIの設計を推進しています。

2005年には、ポートランド市の健全な水循環、水質、生物生息域の創出などに配慮した、より広域スケールでの流域圏マネジメント計画を発表しました。そして2008年〜2013年の間に「グレー・トゥ・グリーン」というプロジェクトを市の中で立ち上げ、実践してきました。予算は5500万米ドルで、下水道局と交通局の予算の中の約1％をGIの推進費として計上してつくりあげた制度です。この助成金をGIのための土地買収、グリーンストリートや屋上緑化のための建設費などに活用してGIの更なる推進に努めました。

「Tabor to the River」のGIプロジェクト

次に、「Tabor to the River」というウィラメット川に接続する650haの集水域内でのGI展開についてお話しします。この中で更新期にきている既存のグレーインフラの修復・更新プロセスで、グリーンで代替できる部分はGIを適用するパイロット事業です。この地域は合流式下水道なので、下流域での被害軽減のために、新規の下水管等の建設計画をたてました（図7）。2006年には、このようなグレーインフラの更新にあたり、グレーに代替として適用可能な部分はGIに、そして本当に必要な部分はグレーインフラの更新を行うという詳細計画を立てました。ですが、GIは私たちがトップダウンでつくるものではなく、住民参加も非常に重要なプロセスです。私たちはGIを通じて目指すものを幅広い市民と共有し、コミュニケーションをとるため、雨庭のワークショップや水とアートのワークショップも開催しました。実際に道路と歩行者空間の間のGI建設予定地に住民を案内し、住民にも植栽パレットの選定に協力してもらうなど愛着をもってもらうような工夫をしています（写真2）。GIは1haあたり44,000米ドルをかけて整備してきました。個人の住宅や民間の土地で雨水管非接続や屋上緑化、雨庭などのGIをリノベーションで導入する案件に対しても助成を行います。敷地の持ち主は助成を受ける際に、管理責任者としてGIを継続的に責任をもって管理するという覚書を提出する必要があります。

図4：ポートランド市におけるGI展開のタイムライン 2000〜2006　©City of Portland Bureau of Environmental Services

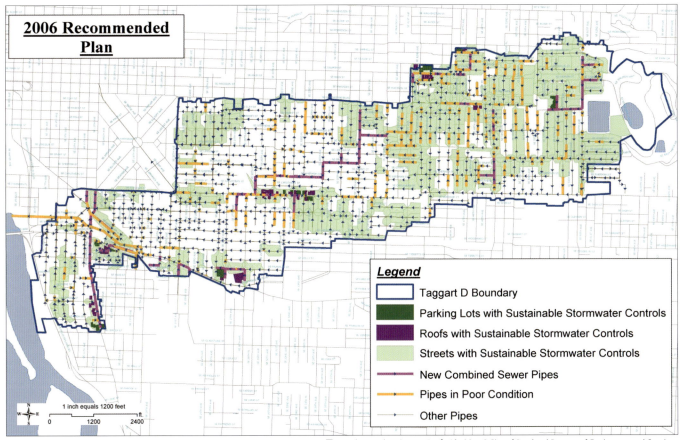

図7：Tabor to the River の GI プロジェクト　©City of Portland Bureau of Environmental Services

GIの建設はもちろんですが、管理も非常に重要です。その他のGIに、小さい雨庭や商業施設の広大な駐車場のアスファルトに導入した雨水浸透プランターや、雨水管非接続などの事例があります。ポートランド市側の雨水管理戦略上の計画だけでなく、住民とのワークショップや意見交換を積極的に行い、彼らの意見を把握するようにしています。「小さいコミュニティのための緑地が欲しい」「大きい木を植えて欲しい」など、住民の意見をうまくGI計画に取り込むことでLivability（住みやすさ）の向上にもつながると考えています。次の表の左側はこのプロジェクトを全てグレーインフラで行った場合の金額で、右側がグレーとグリーンの併用の場合の金額です（図8）。グレーとグリーンの併用によって約58ミリオン米ドルの

写真2：グリーンストリートづくりに参加する市民
©City of Portland Bureau of Environmental Services

2007
Launched
Tabor to the River
Program

2011
CSO Program
Complete

2012
Stephens Creek
Stormwater System Plan

2008
Completed Tryon
Headwaters Project

Launched
Grey to Green
Initiative
GREY to GREEN

2009
Launched Asset
Management
Program

2014
Citywide
Stormwater System
Risk Assessment

Voters rejected
privatization of
Water and
Sewer Bureaus

図5：ポートランド市におけるGI展開のタイムライン 2007～2014　©City of Portland Bureau of Environmental Services

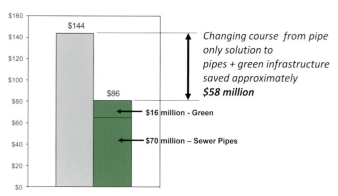

図8：グレーインフラ（左）とGI（右）の工事費の比較
©City of Portland Bureau of Environmental Services

図9：ポートランド市内で実現されたGI
©City of Portland Bureau of Environmental Services

節約ができました。右側の数字の内訳ですが、70ミリオン米ドルがグレーインフラに、16ミリオン米ドルがグリーンインフラの建設に使われています。「Tabor to the River」プロジェクトはまだ終わっておらず、現在約20％がようやく完成したところで、今後も継続的に取り組んで行く予定です。

ポートランド市には現場に出て行って住民やステークホルダー達とコミュニケーションをとる役割を持った職員がいます。彼らはGIの推進の原動力となっており、GIを自転車で回るツアーや数々のワークショップなどユニークなプロジェクトを展開しています。その他、GIのサイン計画などのコミュニケーションも重要視しています。

GIに関係するインセンティブは以下のようなものがあります。
・Clean River Rewards：流域圏内のGI施設の整備を推進する
・Ecoroof Incentive：雨水管理に資する屋上緑化の建設費用を1㎡あたり54米ドルまで補助する
・Treebate Program：新規の民間の敷地内の植栽に対して50％まで助成を行う

ポートランド市 現在の取り組み

次に、現在ポートランド市のGIがどのような状況にあるのか、お話ししたいと思います。私たちは現在までに約3,000のGIを雨水管理マニュアルに沿ってつくってきました（図9）。GIには屋上緑化、緑溝や雨水プランター、グリーンストリートのようなものがあります。これまでの取り組みを踏まえてこの先どのような方向に進むべきかを議論しています。これは、屋上緑化ですが、25年間の間に、約420m、9.3haの屋上緑化を実現しました（図10, 写真3）。市庁舎の屋上のリノベーションのように、雨水流出量の抑制と流出速度の遅延に効く屋上緑化を積極的に取り入れています。ウィラメット川沿いにあるSouth Waterfrontという新規の民間開発では、工業跡地で汚染土壌問題のために地中に雨水を貯留浸透することができませんでした。ですから、ここでは屋上緑化をできるだけ導入しています。他には垂直緑化もあります。屋上からの雨が垂直緑化基盤を伝って流れ、蔓植物の灌水などにも雨水が活用されています。

また、現在までに1,600のグリーンストリートをつくりました（図11）。SE Clay通りは工業・商業地区におけるグリーンストリートの適用なのです

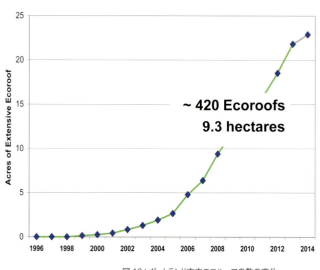

図10：ポートランド市内エコルーフの数の変化
©City of Portland Bureau of Environmental Services

写真3：South Waterfront地区におけるエコルーフ
©City of Portland Bureau of Environmental Services

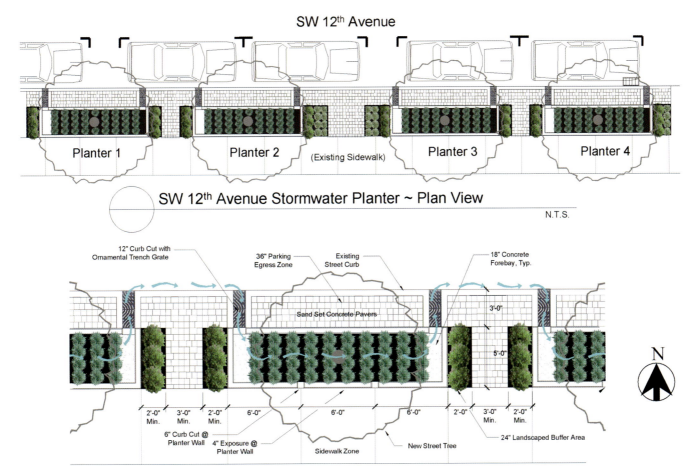

図11：グリーンストリートの機能を示すダイアグラム ©City of Portland Bureau of Environmental Services

が、ポートランド市では自転車の交通量が急速に増加したため、道路および歩行者空間の再配分を行いました。交通局と下水道局の強力なタッグによって、その予算からGI（グリーンストリート）の建設費用を捻出し、自転車も車も歩行者も安全なストリートの創成を目指しています。ポートランド州立大学のキャンパス内の屋外空間やキャンパスに隣接する歩行者空間の中でもGIを様々な形で実現しています。大学内の広場の総面積の6〜10%を雨水の貯留浸透に使うというガイドラインを元に多くのGIを実現しました。

GIは私たち環境局が単独で実施できる施策ではありません。組織体制に関しては3つの重要なポイントがあります。1つ目はポートランド市環境局職員のパフォーマンス（能力）を最大限に活かすことです。2つ目は他部局との連携です。交通局、下水道局、河川局、公園局など他部局との横の連携なしにはGIは推進不可能です。それぞれの部局が持っている能力やポテンシャルを活かしながら、横につなげる調整力を持っているところがポートランド市の強みだと思います。3つ目はコミュニティ、市民の力です。多様な形のパートナーシップの構築がGI推進の鍵になります。川の流域委員会、デベロッパーとの協議会、自治会や様々な住民組織、学校、大学、病院、ビジネスオーナー、戸建て住宅の住民など、多様なステークホルダーとのパートナーシップを重要視して関係を築いてきました。

次に、地元の小学校におけるGIプロジェクトをご紹介します。ポートランド市内では、交通局が中心になって子供の安全通学キャンペーンを行っています。環境局にも協力要請がありました。Mt. Taborのミドル・スクールの従前の状況は、アスファルトの駐車場で、豪雨時には水があふれるという課題がある敷地でした。この駐車場のリノベーションによる雨庭の創出（建物の屋上から雨水を収集、一時的に貯留して浄化）と周辺の歩行者空間のグリーンストリートの整備を行いました。その結果、この雨庭は快適なみどり空間となり、子供たちの環境学習にも活用されるなど多くの便益を与えています。

25年前の合流式下水道越流水による氾濫は現在起こっていませんし、歩行者や自転車の利用者に関してはグリーンストリートにより、飛躍的に安全で快適性の高い公共空間を提供できていると思います。このような一連の取り組みがポートランド市のLivability（住みやすさ）を向上させていると考えます。私たちは小さいGIのプロジェクトの実践の積み重ねによって都市全体にそれらが作用するであろうと考え3,000余りのGIプロジェクトを展開してきましたが、今はそれをもう一度振り返って評価する時期にきていると考えています。GIをよりリスクが高い地域（氾濫の可能性など）に効果的に適用する計画と戦略が必要だと考えています。また、水質の改善に関して効果的に作用する場所でGIをうまく活かしていく。このように定量的にGIの効果や価値をはかることが、今後のGI展開に向けて最も求められていることであるといえます。

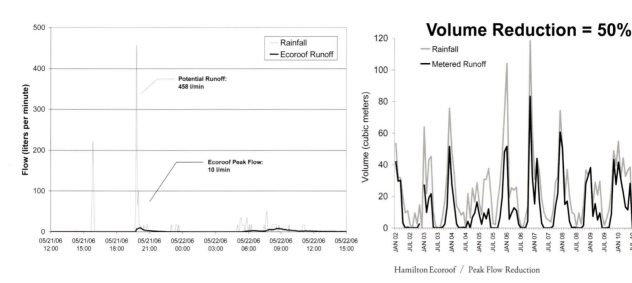

図12：エコルーフにより、雨水流出量の抑制と雨水流出速度の遅延が確認された　©City of Portland Bureau of Environmental Services

GIのモニタリングと評価

私たちはGIのモニタリングを大切にしています。GIはつくって終わりではなく、管理が非常に重要です。この表は屋上緑化を導入したことにより、雨水流出量が50%抑制することができたことを示しています（図12）。また、グリーンストリートを導入することによって、ピーク時の雨水流出量を86%削減することができました。ポートランド市のGIの目指す目的は1つではありません。多目的で、多機能で、包括的な解決法を目指しています。「雨水管理を核にしたGIにプラスしてどのような機能を重ね合わせ、より住みやすい社会を創出することに貢献できるのか？」というのが究極の課題です。GIの評価に関して、表面温度の測定によってGIがヒートアイランド現象の緩和や、生物多様性の向上に貢献していることが定量的に示されています。GIは経済的なもの、生物多様性の向上、健全な水循環の回復、大気や水質の向上、公園やオープンスペースの創出による街区内の住みやすさの向上、土地資産価値の向上、歩行者や自転車利用者の安全性の向上など、数え切れないほどの便益があります。ですから、GIは社会、経済、環境、コミュニティに対して多様な便益を創出する媒介であるといえるでしょう。このようなGIの価値、評価をきちんと示すことで、今後の更なるGIの展開が見込めるのではないかと考えています。

ポートランド市GIのこれから

さて、最後のまとめです。「GIはこれからどこにいくのか？」というお話しです。現在、私たちはポートランド市で可能性のある災害やリスク（斜面崩落防止、洪水防止、地下水の汚染、工業跡地の汚染水の管理など）に対して防災・減災の視点からポートランド市全体でGIをどう位置づけるかという分析をしています。

South Waterfrontはウィラメット川流域にある工業跡地のエコ街区への再開発のプロジェクトですが（写真4）、埋立地であること、それから土壌が汚染されていることから地中に雨水を浸透させることができない敷地でした。ここで私たちはデベロッパーと共に屋上緑化を中心にした街区全体で水循環に配慮したデザインを進めています。開発される街区全体で複数のデベロッパーが関わっていますが、ポートランド市で、街区内のGIのガイドラインをつくり、これに従って個々のデベロッパーが建築も含めた街区の計画・デザインを進めています。

写真4：South Waterfront地区のグリーンストリート　©Takanori Fukuoka

写真5：ポートランド市で展開されるGIプロジェクトの数々　左上, 左下, 右上／©Takanori Fukuoka、右下／©City of Portland Bureau of Environmental Services

　これまで私たちが25年かけて達成したGIの取り組みをご紹介しました（写真5）。私たちが現在直面している課題は2つあります。1つ目として、「個々の敷地別のGIの取り組みは点や線だが、それらの集積が果たして都市スケールのGI戦略として作用するのか？」ということです。今後はGIの評価やモニタリング、将来的なリスクが見込まれる面的な敷地への防災・減災からの重点的なGIの展開も視野にいれています。2つ目として、環境局単体でのGIの推進には限界があるので、都市計画局、交通局、下水局など多部局間との連携で引き続きGIの推進に取り組んでいきたいと思います。ポートランド市のGIはほんの25年の歴史しかありません。志のある市の職員の取り組み、民間でのパイロットプロジェクト、ガイドラインの作成など一つ一つの取り組みが折り重なるように相互作用して現在の姿が築き上げられてきました。今日では、ポートランド市は世界中からGI視察団が訪れ、世界のフロントランナーです。しかし、GIに関しては、ニューヨークもシカゴも世界の他の環境先進都市も適用を進めています。私たちは今後も更なる進化を遂げ、フロントランナーの位置に立ち続けられるように引き続きGIに取り組んでいきたいと考えています。

ドーン・内山 [Dawn Uchiyama]

［ランドスケープアーキテクト／米国ポートランド市環境局アシスタント・ディレクター（グリーンインフラ担当）］

Dawn Uchiyama 氏はポートランド市環境局にて約20年間の実務経験があり、ウィラメット川流域圏マネジメント計画のプロジェクトマネジャー、2008年のポートランド市で多分野横断型の持続的雨水管理マニュアルの作成と市の最初のグリーンストリートの基準作成を担当した。2012年までにステファン川の雨水システム計画を担当し、現在は環境局として都市内の開発や多領域にまたがる持続的雨水管理に関するプログラムをアシスタント・ディレクターとして統括する。ポートランド市に居住し、仕事の外では料理をすること、ヨガ、犬や子供達と散歩に出かけるのがお気に入り。

第2章
パブリックスペースから
リバブルシティを考える

■ Bottiere-Chenaie Eco District
─水から発想するエコロジカル街区のデザイン

福岡孝則　Takanori Fukuoka

水から発想するエコロジカル街区

　リバブルシティ創成に向けて、街区スケールで緑や水を基軸にしたデザインが展開可能なのだろうか？　ここでは水と緑を中心にエコロジカル地区デザインに取り組んだフランス・ナント市の Bottiere-Chenaie Eco District プロジェクトを紹介する。筆者が初めて Atelier Bruel Delmar のプロジェクトを経験したのは、フランス・レンヌ市の St. Jacques de la Lande という街区スケールのランドスケープデザインである。15 年程前にアメリカの Van Alen 財団の助成を受けてヨーロッパの事例研究テーマ【ランドスケープデザインにおける生態プロセスと構築物の関係性】に合わせて選定したプロジェクトの 1 つが St. Jacques de la Lande であった。雨水管理を含めダイナミックな自然のプロセスが取り入れられたデザインで、構築的なハードスケープもうまく織り交ぜられている。敷地を数度訪れ、プロセスを核にしたデザイン実践の可能性を考えるきっかけとなった。

　その後詳しく話を聞きたいと考えてパリにある Atelier Bruel Delmar を訪ねてインタビューを行った。その中でも心に残っているのが Anne-Sylvie Bruel が述べた「ランドスケープアーキテクトはどんな敷地であっても土地の自然の状況、地形、水系、歴史、文化などをベースにデザインを進めていくべきだ」、ということだろうか。Atelier Bruel Delmar が優れているのはこうした敷地の状況と新しいデザインを独自の感性で重ねあわせ、プロセスを中心に時間に応じて変化を続ける環境のデザインが展開されていることであると思う。彼らのプロジェクトを通じて水から発想する街区スケールのランドスケープデザインを考えてみたい。

Atelier Bruel Delmar とは？

　Atelier Bruel Delmar はフランスのパリに拠点をおく、Anne-Sylvie Bruel と Christophe Delmar が共同で代表をつとめるランドスケープ計画・設計事務所で 24 年のプロジェクト実務経験がある。Anne-Sylvie Bruel はヴェルサイユ国立高等景観学校を卒業後に Rhin-Phone 道路公団のランドスケープアーキテクトとして数年間道路の修景などインフラスケールのランドスケープを経験した後に Christophe Delmar と共同で事務所を始める。現在までに Nancy の建築学校や母校であるヴェルサイユ国立高等景観学校で教鞭を取りながら実務を続けている。Christophe Delmar は庭師として伝統的な専門教育を受けた後に数年建築を勉強し、最終的にヴェルサイユ国立高等景観学校でアレクサンドラ・シュメトフやミッシェル・コラジョーの元で学び、卒業後に Anne-Sylvie Bruel と事務所を立ち上げる。Anne-Sylvie と同じくヴェルサイユ国立高等景観学校や建築学校などで教え、また都市生態の実践的なフィールドとして St. Jacques de la Lande 地域には 20 年以上に渡って関わり続けている。2 人のプロジェクトに対するアプローチはエコシステム（生態的なデザイン）、ジオグラフィー（敷地を尊重し、地面の上に新しいデザインを描く）、ランドスケープ（庭や園芸的な手法も使って、人間と自然の関係を描く）、堆積した土地の記憶（敷地の過去を発掘し、未来へとつなげるためのデザイン）の 4 つに分類することができる。特に特徴的なのは敷地が中規模のランドスケープ・インフラともいえるプロジェクトを数多く手掛けていることだろう。土木のスケールともランドスケープデザインのスケールとも異なる中規模のスケールで、敷地のフレームワークを構築するランドスケープのインフラをつくるようなアプローチが特徴的だ。また、敷地を徹底的にリサーチすることから始め 20 年をかけて取り組んだ St. Jacques de la Lande の新しい地区デザインのように、ランドスケープの発想から時間とプロセスを中心に都市の戦略をつくるのを得意としている。

Bottiere-Chenaie Eco District
プロジェクトの背景

　Bottiere はフランス・Loire-Atlantique 郡のナント市の郊外に立地しており、Bottiere-Chenaie 地域は野菜生産の農業用地が新しいエコロジカル地区として計画されたものである。敷地には古い畑や農道、壁、井戸や貯水池や暗渠化された Gohards 川などが残されていた。計画では 2014 年までに 1600 戸の住宅（そのうち 25％が低所得者層用）を整備し 3500 人が住

水とふれあいながら遊ぶ子供たち（Gohards 川）と公園で街区のイベントに参加する大人たち（公園部）　©Atelier Bruel Delmar

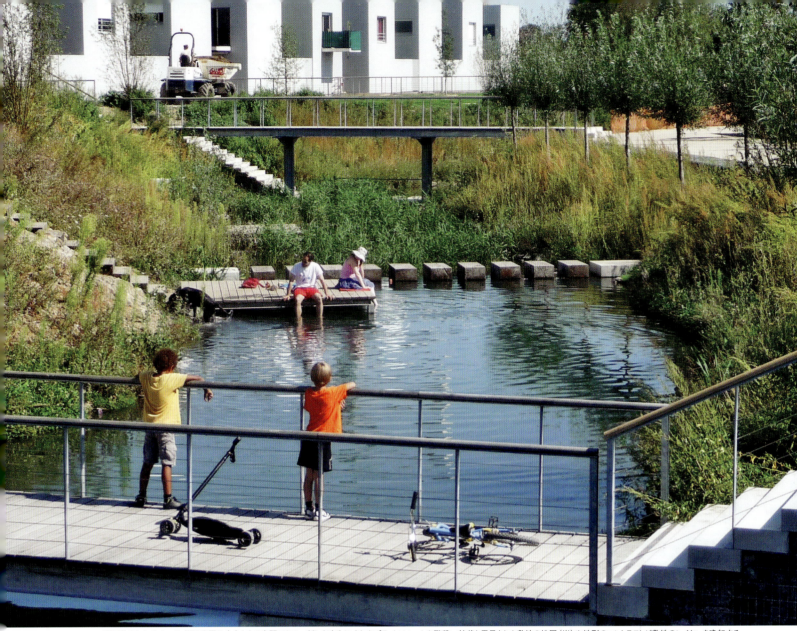

開渠化されたGohards川は公園の中心となる空間である。新しくデザインされたプラットフォームや階段、植栽と露呈された敷地の地層（岩）や地形のコントラストが敷地のレイヤーを喚起する
©Atelier Bruel Delmar

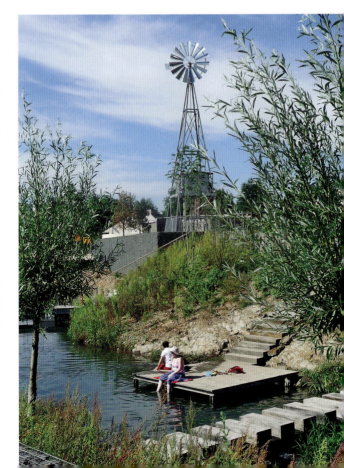

上／街区から収集された雨水が流れるカナル。新街区の中心となる水のプロムナードを形成する。　右／開渠化され、再発見された水のある屋外空間を楽しむ人たち　2点とも©Atelier Bruel Delmar

敷地計画平面図 ©Atelier Bruel Delmar

める街とし、図書館や学校、公民館やスポーツ施設が相次いで計画されている。Bottiere-Chenaie エコロジカル街区デザインには Atelier Bruel Delmar が他のプロジェクトで培ったインフラとしてランドスケープを発想し、人間のための新しい住環境の基盤を整えたものであるともいえる。

　計画案は敷地の歴史や地質学などの特性から深く影響を受けており、農地であった敷地の微地形や地下水なども重要な要素としてデザインに取り込んだ。特に Atelier Bruel Delmar は新しい広場や公園などの都市のエレメンツと周辺の自然環境や農地としての従前の敷地の土地利用や歴史をすべて接合して1つの大きいランドスケープとすることに成功している。例えば、既存の壁などの構造物もデザインに取り込み、暗渠化した川を開渠化して堆積した敷地の持つ特性を顕在化させると同時に新しいデザインの要素を重ねあわせて、都市と農地の境界上にある郊外の新しい開発と自然環境のバランスを成立させた。彼らのこうしたデザイン手法は綿密なリサーチによって支えられている。

プロジェクトの全体構成

　敷地平面図に見られるとおり敷地の計画案は Bottiere-Chenaie の南東と北西に立地する公園などのオープンスペース、歩行者空間、小道や回廊、広場などの屋外空間がネットワーク化され、多様な利用形態を生み屋外空間を楽しむ機会を創出している。まず道路等に分断された変わった形状の敷地を、南東と北西の公園を通して Doulon 地区と Bottiere の低所得者用住宅地をつなぎ、また道路や多様なスケールの歩行者空間も活用して敷地全体をつなげることに成功している。敷地内の南東、北西、と北部には公園に隣接して住宅地があり、どの住宅からも公園や緑道を通って学校や商業施設へアクセスできるようになっている。個々の集合住宅の間には中庭や小広場が設けられ、これらが人々の日常的な利用に供する豊かな屋外空間となっている。こうした構成に重ねるようにして地区内の水循環も計画された。住宅地内で集められた雨水は公園内を流れ、浄化され、浸透・蒸発散という一連の自然の水循環のプロセスをできるだけ敷地内で適用している。公園内を流れる小川や雨池は収集された水が集まる場所であるが、人々が水のレクリエーションの場として集まる目的地ともなっている。このように敷地は個々の区画では自然環境豊かで近隣の既存の住宅地に

も融合する住環境を実現しつつ、全体では公園と開渠化された川を軸に地域の環境と接合する新しい骨格を形成している。

Gohards 川の再生と水のシステム

　このプロジェクトの最大の特徴ともいえるのが地下を流れていた Gohards 川の開渠化であろう。Atelier Bruel Delmar が得意とする敷地のリサーチによると、過去には敷地内でいくつかの貯水池があり、いくつもの井戸が点在していたことが分かった。こうした敷地の水循環と地形の特徴を取り戻すために Gohards 川の開渠化を提案し、そして近隣住宅地、歩行者空間や駐車場を流れる雨水を生態緑溝、小川やカナルを通じて収集して開渠化された川と一体的に新しい水のシステムを提案した。開渠化された川は公園の人が集まる中心として機能し、また収集された雨水が集まる場所としても重要な役割を果たす。敷地全体のオープンスペースの50％は緑化され、自然の水循環を回復する他に生物多様性の向上や微気象の調節にもランドスケープが貢献している。再生された敷地内の井戸や貯水池、開渠化された Gohards 川に加えて、敷地内で7つの風車を設置し、地下水を汲み上げて菜園や庭の灌漑に使ったり、カナルや小川の水位が低い時に水を補充することができるようにしている。

　敷地内の小川、カナル、生態緑溝などはすべて10年洪水を想定して流出量を計画している。生態緑溝は湿性の植物を中心に柳やハンノキ、トネリコやヨシ類を含む多年草などが植栽され、カナルや小川を流れる水を浄化し、流出速度を抑制、蒸発散を促進させて最終的に地域の河川に浄化された水を流すような仕組みとなっている。

サーキュレーションのデザイン

　敷地内で特徴的なのは歩行者空間、小道、広場、緑道など様々なオープンスペースが人々のみならず、自動車、自転車も含めて非常に回遊性の高いサーキュレーションがデザインされた。例えば新しい道路空間と歩行者空間がソフトな緑によって一体的に計画され、子供たちが学校や地区内の公園へ一度も交通量の多い道路を横断することなくたどり着くことができるようなサーキュレーションがデザインされ、結果的に地区内の居住者の生活の安全性や快適性を高めている。

　また全体計画の中でまず駐車場の配置が大きな課題であった。アスファルトで覆われた巨大な駐車場を一ヵ所計画する代わりに、道路や歩行者空間に沿って駐車スペースを確保したり、地区毎に分散型の地下駐車場も計画された。結果的に良好な公共交通システムのサポートもあり、駐車場の台数を大幅に削減している。また、ゲスト用の駐車場は低い壁と果樹に

左上／雨水を活用した水景施設と広場。左下／新しい住民が共有する庭と集合住宅。右上／生態緑溝は湿性の植物を中心に柳やハンノキ、トネリコやヨシ類を含む多年草が植栽され、雨水を浄化し蒸発散を促進させ、流出速度を抑制する働きをもつ。右下／住宅から学校や公園まで一度も車の道路と交差せずに安全に移動することができる　4点とも ©Atelier Bruel Delmar

左・上／屋根や歩行者空間から収集された雨水はこの生態緑溝（浸透・浄化）に流れ込む
2点とも ©Atelier Bruel Delmar

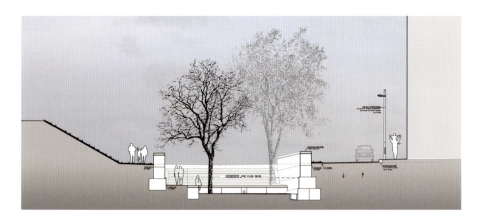

敷地が掘り込まれ、蛇かごの壁によって囲繞された空間は敷地の過去と未来を喚起する　©Atelier Bruel Delmar

よって軽く囲繞し、従前の農地という地歴を喚起するようなつくりとなっている。また歩行者空間においても50%は植栽によって被覆され、残りの50%は透水性舗装かコンクリートで舗装され、建物や周囲の屋外空間から収集された雨水が流れる緑溝や浸透トレンチを並行して設置することで水循環のプロセスを可視化して日常の生活に組み込むことに成功している。

開渠化された川は街区内の公園の中心として多くの子供たちや大人たちに再発見された水の風景を提供し、人々が水とふれあう場所を創出している。「1960年代に暗渠化された川を再発見することは宝探しのようなものだった」と設計者は述べている。行政に川の開渠化を認可してもらうのには大変な努力が必要で、「水質はどうか？汚染されているか？」「水深が深すぎないか？」「子供たちの安全性への対策は十分か？」など多くのハードルを越える必要があったようだが結果的に、こうした開渠化された川と周辺環境を体験した住民からは、水と自然環境を共有するということが危険であるという疑問は無くなり、この再発見された地域の川を含んだBottiere-Chenaieエコロジカル街区デザインがとても気に入っているようである。

おわりに

Atelier Bruel DelmarのBottiere-Chenaieエコロジカル街区デザインには都市と農地の境界に立地する郊外のランドスケープの新しい可能性として長年をかけて彼らがリサーチと実験を繰り返して編み出してきた手法が適用されている。敷地のオープンな構成、水循環に配慮した敷地計画、水循環や植生の遷移、敷地内の庭も含めてプロセスを取り込んだ時間と共に変化するデザイン、敷地内の回遊性と緑のグラデーションの作り方や中規模のソフト・インフラともいえるスケールの捉え方とデザインの密度などはAtelier Bruel Delmarが長い間かけて積み上げてきたデザイン手法であろう。一見地味で100%デザイン化されていないがプロジェクトの骨格となるフレームワークと都市の戦略は適格に構想されている。

最も感動的なのは敷地に堆積した土地の記憶や歴史を再び喚起するために、彼らは努力を続けていることだ。従前の敷地の状況、長い間かけて土地がどのように変化してきたかを生態的、社会的、地質的、文化的など総合的にリサーチし、そうした敷地の持つ堆積した歴史の力を借りながら新しいデザインを重ねあわせ、見果てぬ未来につながるために敷地の持つポテンシャルを最大限に活かすデザインを常に構想している。

そこに固有のリバブルシティをつくるためには、時間軸とランドスケープの関係性、プロセスや変化の取り込み方は非常に重要である。このプロジェクトに見られる詩的な感性や敷地のポテンシャルを基本にして空間を夢想する想像力には、リバブルシティ創成のヒントが隠されているのではないだろうか。

参考文献
1) Atelier Bruel Delmar.,Bottiere-Chenaie Eco District in Nantes, France.,NBC, 2013
2) Bruel, Anne-Sylvie.,Bottiere-Chenaie Eco District in Nantes, France.,Landscape Architecture Frontiers, 2013
3) http://www.brueldelmar.fr/en/

プロジェクト・データ
【Bottiere-Chenaie Eco District】
所在地：フランス・ナント市 Loire Atlantique
クライアント：Nante Amenagement
都市計画・ランドスケープ：Atelier des Paysages Bruel-Delmar
建築・都市計画：J.P.Pranlas Descours
水のエンジニアリング（雨水・生態）：Confluences
道路・インフラ計画：SCE VRD
敷地面積（オープンスペース）：30ha
総工費：28ミリオン・ユーロ
計画〜施工期間：2008〜2015年
受賞歴：Ecological District Prize 2009, Urban Art Robert Auzelle Prize 2011

開渠化されたGohards川周辺のデザインスタディ。水辺のレベル差や背後の壁の高低も含めてシークエンスの展開を検討する　©Atelier Bruel Delmar

■パブリックスペースを核にした「健康的な都市の創成」

福岡孝則　Takanori Fukuoka

新しい都市の水辺（健康、文化、社会、アクティビティ）

　リバブルシティの指標として、'健康的な都市'は最も重要な要素の一つである。ここではヨーロッパのパブリックスペースを核にした新しい都市の水辺プロジェクト2つを紹介する。1つ目のプロジェクトはデンマーク・コペンハーゲン市の屋外プール Harbour Bath と第2期に増設されたスパ Vinterbad、2つ目のプロジェクトはドイツ・ベルリン市の Spree 川に浮かぶプール及びパブリックスペースの Arena Badeschiff と同じく第2期に増設されたスパ施設の Winterbadeschiff である。2つの場所に共通しているキーワードは健康、レクリエーション、文化、社会、アクティビティなど健康的な都市デザインの新しい方向性を示唆している。ヨーロッパでは近年水辺の工業跡地をパブリックスペース中心に再生していく動きが顕著であるが、今回取り上げる2つのウォーターフロントは公共の屋外プールを主機能としつつも泳ぐための場所というよりはむしろ都市に住む人々がまるで海水浴に行くように全身を使って水辺を楽しむ場所であり、音楽、映画、レストラン、スパなど文化・社会活動の中心にもなっている。プロジェクトの大成功は都市に住む人々がどのようなパブリックスペースを求めているかを反映した結果であろう。

プロジェクト1：
Harbour Bath + Vinterbad Brygcen
─コペンハーゲンの新しいブルー・パブリックスペース

　最初に紹介するのはデンマーク・コペンハーゲン市のグランド・カナル港エリアにつくられた新しいタイプの屋外プールを核としたパブリックスペースである。コペンハーゲンという名前は商業の港という意味だが Amgar 島の北西部に立地する Island Brygge 地域は1954年に深刻な運河の水質汚染により閉鎖が決まるまでは有名な水泳場であった。それ以降は市内でも工業港に特化したエリアとして位置づけられ1970年代から80年代にかけては市内で最も犯罪率の高い危険な場所となっていた。コペンハーゲンはこうした状況を変えるために工業跡地を積極的に住宅に転換する施策、42kmに及ぶウォーターフロントの再生計画「Blue Plan」を策定した。この計画の中では水上ボート居住者のための場所、歩行者空間を中心としたプロムナード、子供の遊び場や市民のレクリエーションのためのパブリックスペースを社会的・文化的活動の拠点となるように位置づけており、実際の効果から現在では市内で最も不動産価値の高いエリアと変化した。Harbour Bath はこうした一連のプロジェクトの中の拠点パブリックスペースの1つである。

　このように50年前に公共の水泳場であった同じ場所に形を変えて Harbour Bath（港の屋外プール）が誕生した。このパブリックスペースのビジョンは市民に運河の上に既存の公園を延長して、安全で健康的な屋外空間を提供することであったが、同時に人々が出会う場所、水辺を活性化させるための社会的・文化的にも豊かなレクリエーションの場所として、高い目標に向けて計画が進められた。運河の上に突き出した新しい長方形のプラットフォームは 25 m × 90 m、その中に形と機能の異なる4つのプールが配置されている。最も大きいプールは 86 m × 6 m で泳者のためのものである。陸側の公園芝生地に近いプールにはレクリエーション機能の高いプールが集められており、最も子供達に人気が高い4mの高さのプラットフォームから飛び込むことができるダイビング・プール、そして中心には水深1.2mのプールの水中バレーボールなどの競技に使うプールがある。南西の端には水深の浅い子供のためのプールが配置されている。4つのプールには緩やかなスロープでつながっており、誰でも容易にアクセス可能である。夏季は公共の屋外プールとして無料で公開されているが、安全上の理由から入場者が最大600名に制限されている。降雨後にカナルの水質が悪化した場合（合流式下水道の影響）にプールが閉鎖される数日を除き、すべてのコペンハーゲン市民のために開かれたパブリックスペースとなっている。

　Harbour Bath の大成功を受けて、第2期のプロジェクト Vinterbad Brygcen が始まった。このプロジェクトは BIG と JDS によって計画された第1期の Harbour Bath の拡張部分のデザインで、冬季の利用が可能になるサウナと一連のプールを見下ろすテラス状の屋上空間である。Harbour Bath の敷地の一端を持ち上げたような新しい人工地形が創出されることにより、プール内のアクティビティを一望する一方、プールからもテラス状の人々を眺めることができるように設計されており「見る─見られる関係」がうまくデザインに反映されている。このサウナ施設は人々の利用が少ない冬季に水辺を活性化させる役割が期待され、夜間には運河にこの施設からもれる光が映り込みランタンのような照明効果も生んでいる。

　Harbour Bath と Vinterbad Brygcen の2つのプロジェクトから成る新しいプールを核とするウォーターフロントは、工業港と交通の拠点であった過去の歴史をコペンハーゲン市の社会とともに文化の拠点へ変えることに見事に成功している。また、周辺の水辺や公園利用へのアクセスと連動させることで運河沿いに新しく出現したパブリックスペースは都市内の多くの市民を魅了している。運河の水面上に出現したプールの最大の特徴は都市の水辺に新しい地形を作りだし、人々に身体を使って場所を体験できる状況を作ったことではないだろうか？　こうした地形は人々に運河と陸の関係、水質、そして内側の水（プール）と外側の水（運河）の対話など

ダイビング・プールは子供に大人気　©BIG

Harbour Bathの全景。公園の延長として運河上に4つの屋外プールを持つプラットフォームを創出　©BIG

第2期として新設されたスパ施設　©BIG

多様な状況をつくりだし、人々に身体と心で水辺を経験する機会を与えることで健康的な都市の可能性を喚起している。

プロジェクト2：
Arena Badeschiff
ーベルリンのSpree川に浮かぶプール

ドイツにおいてもハンブルグ工業港のリノベーション、ハーフェンシティのように都市の水辺を活性化させるための多くのプロジェクトが進行中である。ここでは、ベルリンのSpree川に浮かぶプールを核としたパブリックスペースを紹介する。敷地に流れるSpree川は統一前の東西ベルリンの境界上に立地し、ドイツ再統一後に多くのアーティストや若者が水辺の空地に移住し、同時に政府やデベロッパーのプロジェクトも多く進行中の場所である。

Arena Badeschiffはドイツ語でプールの舟という意味だが、このSpree川に浮かぶ公共のプールを拠点にした小さいパブリックスペースが2004年のオープン以来多くの人を魅了している。プロジェクトはベルリン市のアート・プロジェクト協会が担当しており、市内に展開する多様なアート・プロジェクトの1つに位置付けられている。水に浮かぶプールは貨物船をリノベーションした縦32m×横8m×2m（最深部）の比較的規模の小さいもので、設計は建築家AMP ArchitektenとGilbert Wilk、アーティストSusanne Lorenzの協働により行われた。デザイン上の特徴としては、プールのエッジがSpree川の水面の高さから僅か70cmに抑えられているため水平性が高く、利用者が限りなく川に近づくことができるように配慮してあること、プールの床のボリュームをデッキにも応用し、レベルの異なる様々なテラスを組み合わせていること等が挙げられる。利用者はプールやテラスからの微妙に異なる眺望を楽しむことができ、常に変化する利用者の動態が興味深い都市の水辺風景を創出している。プールの他にはヨガのクラスやマッサージ、人工的につくられた砂浜など、多様なプログラムが用意されている。朝は散歩の途中に立ち寄って朝食をとり、夏の昼間は川に浮かぶ水のプールで泳いだり、デッキやビーチで日光浴を楽しむことができる、夕方にはデッキテラスに座りながらベルリンのランドマークと沈む夕陽を眺めながら寛ぎ、そして夜は屋外で映画を見たり屋外のバーで飲むなど、ベルリンの都市中心部にいながらまるでビーチにいるような時間を過ごすことができる。この新しいタイプのパブリックスペースには入場料4ユーロ（約550円）を払う仕組みとなっている。朝の8時から深夜まで営業しているが、Spree川の水辺で文化的・社会的にも多様な経験をできるからかベルリン市民に非常に人気が高い場所となっている。また朝食から、昼食、軽食と夜まで新鮮な地元の食材を使った食べ物が提供されるのも人気の理由の1つであろう。

気になる冬季の利用だが、川に浮かぶプールの大成功を受けて第2期のプロジェクト、Winterbadeschiffも1年後に決定した。冬季は既存の3つのプラットフォーム（プールと2つのデッキ）に空気膜構造の屋根をかけることでプール、サウナ、バーやラウンジなどが寒い冬もまた違った形で利用できるようになっている。この空気膜には大きな開口部が設けられ外の風景を室内からも取り込めるようにし、またこの膜構造の半透明性という素材の性質から日中は太陽光が空間に柔らかい光でみたし、夜は内側の光が外側に透過することでSpree川に輝く宝石のように新たな表情を加えている。

健康的な都市

今回取り上げた2つのプロジェクトからは、健康的な都市の水辺を人々に取り戻すという時代の流れを感じることができる。屋外のプールを拠点としたブルー・パブリックスペースの使われ方も泳ぐという単一の目的ではなく、都市の中心までで海水浴に行くような体験ができ、そして文化的、社会的な活動の場としての機能を果たしている。健康的な都市生活を実感できるこのような場所は、今後ますます必要とされるであろう。世界的にリバブルシティとしても名高いコペンハーゲンとベルリンで展開されるのは、都市の中でスポーツやレクリエーションのできるパブリックスペースである。多世代の市民が、多様なスポーツから日常的な運動までを楽しむことのできる健康的な都市の創成が、今後ますます求められている。

右側が泳者用のプール、左手前が水の競技用プール、左奥が水深の浅い子供用のプール　©BIG

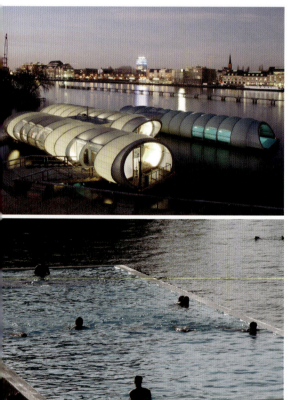

左上／冬の Winterbadeschiff. プールやテラスデッキの上に空気膜構造の屋根をかけて冬期間の利用を促進。左下／Spree 川に浮かぶプールで泳ぐ人々。上／Badeschiff の夜景。音楽イベントもベルリン市民に人気がある。
3点とも ©ARENA BERLIN

第2章　パブリックスペースからリバブルシティを考える

プロジェクト・データ
【Harbour Bath + Vinterbad Brygcen】
Harbour Bath
場所：Copenhagen, Denmark
クライアント：Copenhagen City Council
プロジェクトチーム：BIG (Bjarke Ingels Group) + JDS
敷地面積：2,500㎡
竣工：2003年
受賞歴：2007 IOC Best Public Recreational Facility Honourable Mention; 2004 European Prize For Urban Public Space

Vinterbad Brygcen
場所：Copenhagen, Denmark
クライアント：Amager Vest Lokaludvalg
プロジェクトチーム：BIG (Bjarke Ingels Group)
敷地面積：300㎡
竣工：2012年

プロジェクト・データ
【Badeschiff + Winterbadeschiff】
Badeschiff
クライアント：Kulturarena Veranstaltungs GmbH
プロジェクトチーム：AMP Architekten + Gilbert Wilk（建築）、Susanne Lorenz（アート）
竣工：2004年
敷地面積：プール：240㎡、デッキテラス：500㎡

Winterbadeschiff
クライアント：Kulturarena Veranstaltungs GmbH
プロジェクトチーム：Wilk-Salinas Architekten + Thomas Freiwald
竣工：2005年

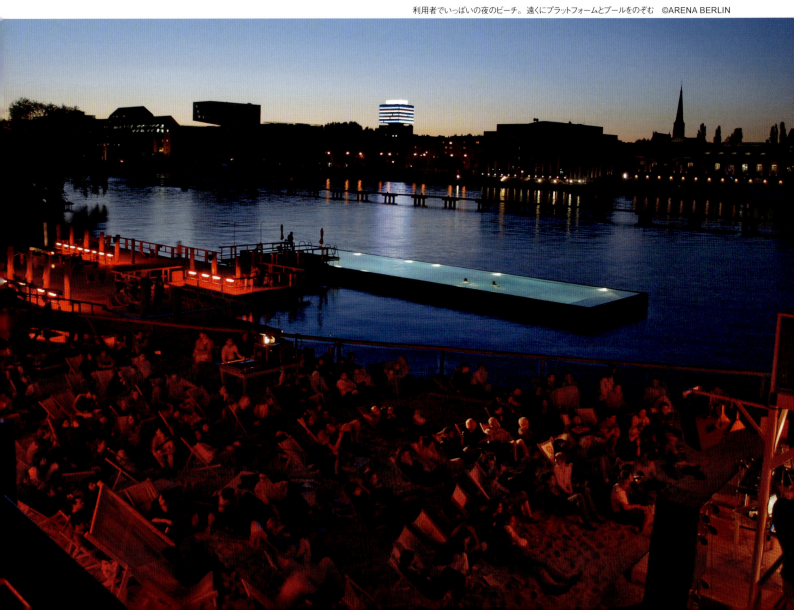

利用者でいっぱいの夜のビーチ。遠くにプラットフォームとプールをのぞむ　©ARENA BERLIN

■パブリックスペースからの都市再生
──ニュー・オールド・マーケットスクエア

福岡孝則　Takanori Fukuoka

はじめに

　ノッティンガム市の中心に立地するオールド・マーケット・スクエアは英国で最も古く、規模の大きい都市広場の1つで、市場として800年以上の歴史がある。1929年に建設された市議会の建物と共に常に町の中心の公共空間として機能してきたが、人々の利用率が落ち、屋外空間としての機能も低下していた。そこで、ノッティンガム市は、このパブリックスペースのリノベーションを核にして都市の再生を行う戦略を実行に移す。2006年に再オープンした広場は、ノッティンガム市民のための都市広場として国内外から高い評価を得ている。リバブルシティ創成のために都心のパブリックスペースがどのような役割を果たしているのかを紹介する。

ニュー・オールド・マーケット・スクエアのデザイン・プロセス

　2004年にノッティンガム市が行った都市広場の国際コンペでキャサリン・グスタフソンとニール・ポーター率いる英国のランドスケープ事務所Gustafson Porter が最優秀を獲得、デザイナーとして選定される。Landscape Design Trust 誌のインタビュー[1]の中でポーターは「この広場は長い間、市場として町の中心であったので、新規に重いデザインを施すのではなく、広場の持つ場所性や特徴を細かくリサーチしていく中で、何が機能しているか？　何が問題か？　を考えながらデザインを進めました」と述べる。また広場のデザインに関して「結果として提案したデザインは一見、非常にミニマルに見えます。広場の持っている地形や場所の特性を読み込み、それを最大限に活かした、時間と共に変化を許容する広場をデザインしました」と述べている。広場のデザイン・プロセスの特徴は以下の通りである。

　ニュー・オールド・マーケット・スクエアのデザインに当たり、人々の流動と滞留パターン、日射条件、高低差等、既存の広場が抱える課題を多角的なリサーチにより、デザインを発想するヒントとしている。Space Syntax によると、従前の広場は町の中心に立地しているのにも関わらず、7割以上の人は広場を回避して動いていた。原因として広場の地盤面が掘り下げられ、壁やベンチが多く通り抜けが難しかったこと、広場の整形式のデザインがアクティビティや動きと不整合であったことなどが挙げられている。Space Syntax は公共空間における人の動きや滞留性、利用時間などをダイアグラムに可視化することで、人間の行動パターンと空間の関係性をより強く意識させ、新しいデザインではリサーチに基づいて広場の水景施設の位置、滞留空間、オープンな空間などが意図的に配されている。同時に、広場周辺部も含めた人間の動きのパターンを再生し、街区全体に流動性が生まれるように計画された。

　次に、屋外空間の快適性を元に広場内の配置を考えている。屋外空間において非常に重要な日照条件のリサーチも行い、日照条件の最もよい広場の北端にレベル差のついたテラスと細長い滞留空間が設置され、人々がより快適に屋外空間で滞留しやすい場所を創り出している。また滞留空間の配置を広場周辺のカフェや店舗前の屋外空間と連動して計画することで、広場の再生効果が周辺街区にも作用するように構想している。

　また、敷地内のレベル差やアクセシビリティの課題を階段や壁で解消するのではなく、広場内をできるだけ自由に動き回り広く使えるように造成デザインが行われた。個別のファニチャーは配せず、できるだけ擁壁や地形と一体的に座れる場所を作るなど全体的に広場のエレメントを統合する工夫もしている。

リノベーション前のオールド・マーケット・スクエア　©Gustafson Porter

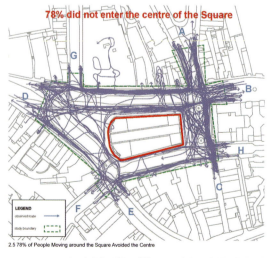

Space Syntax による歩行者の動きの軌跡リサーチを通じて広場の課題を明らかにした　©Space Syntax

ニュー・オールド・マーケット・スクエアの全景。手前に大きな水景施設、奥に見えるのが歴史的建造物の市議会の建物　©Dom Henry

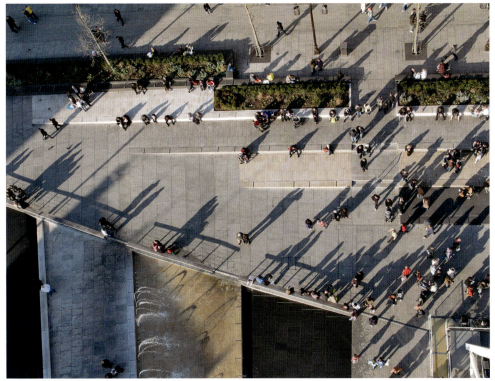
広場北端の滞留空間の空撮。日照条件が一番よい場所に線形のシーティングウォールと植栽で形成された滞留空間。手前は4つの水のテラス
©Martine Hamilton Knight

水を中心にした都市広場のデザインの構成

ニュー・オールド・マーケット・スクエアでは広場面積の40%、約4,400㎡が水景施設であり、水が広場の中心となり人のアクティビティを結びつける役割を果たしている。水景施設の構成は水鏡、高さ1.8mの滝、流れ、53のジェット（噴水）、水のカーペット等水の多様な表情を引き出す要素が4つのテラスに分けて配置されている。4つの水のテラスはノッティンガム地方特有の地質の持つ色味やテクスチャーを反映した黒、白、砂色の御影石で構成されている。水景施設はプログラムされており一日の中で表情を変化させ、季節の変化やイベントにも対応する。最上部の水鏡は常に水を湛えているが、その他の水のテラスはオン・オフにより乾いた石のテラスから水に濡れた表情まで、多様な変化を見せ人々の利用を誘発する。夏はテラス最上部の水鏡から噴水のある全てのテラスで利用者の歓声が響き渡り、一番低い水のテラスでは人々が足裏を水に浸しながら談笑もできる。また、活発な水のアクティビティを遠くから眺める人々のための場所も用意されている。冬には、水景施設は止められ、逆にテラスは広場で暫定的に開催されるクリスマスマーケットやパフォーマンスなど、様々なアクティビティを少し高いところから見下ろす場所に変化する。

広場のデザインでもう一つ重要な役割を果たしているのが植栽である。オープンな構成の広場にフレームを与えるようにジオメトリーに沿って銀杏（Ginkgo biloba）、ピン・オーク（Quercus palustris）が植えられている。また、東西方向にジオメトリーに沿って線形に配置された植栽舛には常緑のツゲ類の灌木、4,000の球根類、多年草、800の灌木などが混植されており、周辺の街区と広場の境界を柔らかい植物のレイヤーと低い擁壁で、緩く区切っている。水のテラスや植栽といったレイヤリングを通してミニマルで多様な変化を許容する空間構成となっているのがニュー・オールド・マーケット・スクエアの特徴であろう。

プログラムとアクティビティ

オールド・マーケット・スクエアのプログラムはノッティンガム市の文化・コミュニティ部門に管理され、積極的に展開されている。年間を通じて鍵となる大きなイベントには、聖パトリック祭のようにノッティンガムの代表的な文化・コミュニティのイベント、市民音楽祭、クリスマスマーケット、観覧車（暫定設置）等の特別イベント、大人やシニア層をターゲットにした夜のイベント、民間の企業とタイアップしたイベント等がある。月に一度開催される市場は特に市が力を入れるもので、食の市、アート市、蚤の市など数多いが、地元のアーティストの作品や製品、食べ物や文化などを積極的に紹介する場所として機能している。また個々のイベントは金銭的にも自立したものとし、年間を通して戦略を立てることでどのようにノッティンガム市民のシビックプライドを醸成し、多世代に渡る利用者を魅了できるか構想している。市の文化・コミュニティ部門が全体の統括を行うものの、個別のイベントにおいては個別の分野で専門性の高いNPOや市民、企業の力をうまく活用している。この広場のデザインは利用者が数10人の時も、5000人の時も機能するフレームを形成している。広場は常にプログラムされているが、同時に変化を許容するような部分も残されている。

敷地平面図　©Gustafson Porter

広場の西端から市議会の建物への眺め。水平に広がる黒い御影石の水鏡が空を映しこむ　©Gustafson Porter

精緻なディティールで構成されたエッジから流れ落ちる水の音は、車や路面電車の騒音を和らげ、視覚的にも人々の興味をひく　©Gustafson Porter

4つの水のテラスは水鏡から水のカーペットまで多様な表情を持ち、利用者を魅了する
©Martine Hamilton Knight

広場がイベントで最大に活用されている風景。一年を通じて多用なプログラムが戦略的に展開されている　©Martine Hamilton Knight

冬には広場が暫定的なスケートリンクとして使われ、多くの利用者で賑わう
©Julie Green / Designcat Photography

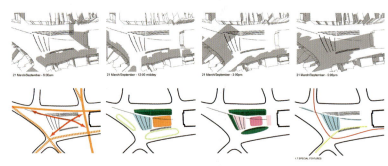

広場内の一年を通じた日照条件を示すダイアグラム（上）とデザイン・コンセプトを示すダイアグラム（下）　©Gustafson Porter / Space Syntax

パブリックスペースから都市を変える

　キャサリン・グスタフソンはASLAのインタビュー[2]の中で都市の中のパブリックスペースについて次のように述べている。「多くの人々が郊外に住むのは都市の中にない自然や余白を求めているからでしょう。私は都市の中の屋外公共空間こそが、人々が住みやすく健康的な生活をおくるための鍵だと考えています。都市の中で子供や犬を連れて散歩をしたり、エクササイズをしたり、都市の屋外公共空間には人間の生活にとって非常に大切な役割があるのです。ですから都市内の居住性を高め、屋外公共空間を多世代の利用に供する多機能型にしていくことで都市の機能と魅力は高められると考えます。そして、それは私たちランドスケープアーキテクトの責任なのです」。今日、世界の人口は過半が都市に居住するようになり、日本では都市の縮退が進むと同時に抱える問題が多様化している。都市の中の屋外公共空間を社会的、文化的、生態的、経済的にも豊かな人間の生活する場所をどのように創成していくのか？　ノッティンガム市はオールド・マーケット・スクエアを核とした都心再生で400の新しい仕事をつくりだし、£12mの経済効果を生むことを戦略として打ち出してきた。パブリックスペースを起爆剤に都市を再生するという戦略はリバブルシティ創成をつくる上で最も重要な考え方の1つである。

参考文献
1) Q&A with Neil Porter: http://www.thefreelibrary.com/Q%26A+with+Neil+Porter%2c+director%2c+Gustafson+Porter.-a0196152077
2) Interview with Kathryn Gustafson: http://www.asla.org/ContentDetail.aspx?id=26846
3) Official Press Materials provided by Gustafson Porter Marketing team

プロジェクト・データ
【ニュー・オールド・マーケット・スクエア】
所在地：イギリス・ノッティンガム市
主要用途：都市広場、水景施設
クライアント：Nottingham City Council, UK
プロジェクト・デザイナー：Gustafson Porter
エンジニア：Ove Arup & Partners Ltd
照明デザイン：Speirs & Major Associates
歩行者スタディ：Space Syntax Ltd
施工：Balfour Beatty Civil Engineering Ltd
水景施設コンサルタント：OCMIS Ltd
その他コンサルタント：(Conservation Consultant) Jules Renfrew Associates, (Quantity Surveyors) Davis Langdon LLP
規模：11,500㎡（4,400㎡ Water Feature）

総工費：£6.5 million
設計期間：2004年（国際コンペ2004年）
施工期間：2005年〜2006年
竣工：2006年

■ブラウンフィールド（工業跡地）を活かしたリバブルシティ

福岡孝則　Takanori Fukuoka

ポストインダストリアル・ランドスケープ

近年、私たちの生活を支えてきた工業に纏わる風景が、今までの役割を終え新しい意味を持ち始めてきている。工場跡地、炭鉱跡地、鉱山跡地、港湾跡地、廃線跡地、基地跡地などを放棄または新しい機能に塗り替えるのではなく、ブラウンフィールド（工業跡地）のもつ特別な状況を活かして社会、生態、文化などのプロセスを組み込みながら新しい将来像を探求し、デザインの力でビジョンを示し、不確定要素の強い未来に向けて変化を許容する計画を推進するポストインダストリアル・ランドスケープを創成する試みが1990年代から実践されてきている。

リバブルシティ創成のために、都心部にも多く残存するブラウンフィールドをどのように活かすことができるだろうか。

ガス工場跡地から都市文化公園への再生
―プロジェクトのタイムライン―

ウェストガスファブリークの敷地はアムステルダム市中心部と西部を結ぶ運河と鉄道、2つの主要な都市のインフラによって縁どられてきた。オランダで最大級のガス工場は1885年から1967年に閉鎖されるまで約80年間操業を続け、機能が停止してから工場跡地はレクリエーション用地として用途変更される。13haの敷地内には産業遺産として保護された歴史的建造物19棟と巨大なガスタンクが残されるが、土壌は重金属などによって著しく汚染されていた。ガス工場の操業が止まり放棄された敷地では、正式に公園として再生されることが決定される前から、暫定的な利活用が積極的に進められた。1993年から2001年の間に100を超える暫定的な敷地の文化・芸術的利用が行われる。例えば、産業遺産を転用したスタジオでのレクチャー、屋外オペラから写真展まで多様な用途が模索された。敷地の不法占拠を防ぐためにも協議を進める。敷地はアムステルダム市中心部に近く、文化・レクリエーションなどの利用価値が高いため、建築家Issac Gosschalkによる工場施設建築群と一体的な文化的利用による再生が構想され、同時に敷地の浄化計画がたてられた。計画が進むにつれて、行政、アート、そして商業関係者が自然と議論を重ねるような体制ができ、国際招待コンペが開催されることになる。Changementをコンセプトに掲げた英国のランドスケープアーキテクトGustafson Porterとオランダの建築家Mecanooのチームが最優秀を獲得する。提案の骨格は1haにわたる自然環境修復を含む広大な自然のオープンスペースと工場跡を再利用した文化・芸術施設群等を含む、変化を許容する公園である。公園のデザインが進行する一方で、敷地浄化計画も決定され、デザイン・チームは数多くの難題に直面することになる。2000年になり現場での施工が始まると、事前に提出された敷地の汚染調査を上回る重度の汚染が判明し敷地造成計画などに大きな影響を及ぼす。2003年に敷地から10,000㎡の汚染度土の搬出が特別に認められ、2004年に開園してからは都市に近接するポストインダストリアル・ランドスケープ先進事例として高い評価を受けている。2004年から現在にかけてレストランやカフェ、文化・芸術系の団体活動拠点、商業施設やギャラリー、音楽スタジオなど多様なテナントが誘致され、現在はアムステルダム市民の文化芸術拠点としてガス工場跡地の新しい姿を常に発信し続けている。

重度に汚染された敷地の浄化

敷地は従前のガス工場操業の影響で重度に汚染されていた。汚染度調査によると敷地全体がタール合成物、シアン化物、油と芳香性のある揮発成分などで広範にわたって汚染されていることが分かった。こうした重度の土壌汚染に加えて、敷地内では工場施設群の撤去に伴う地表付近のアスベストによる汚染も報告された。1990年に敷地汚染調査が行われ、アムステルダム市環境局による浄化計画が立てられる。第一次の浄化計画では敷地内の全ての汚染土壌を掘削して除去することを目指していたが、実際に浄化作業に取り掛かり始めると、広範にわたる汚染土壌の除去は現実的でないことから中止される。この作戦は住宅局、空間計画局や環境局とのより高いレベルでの協議により変更され、ICM (Isolate, Control, Monitor)つまり汚染土を隔離し、制御し、モニタリングを継続するという方針が打ち出される。最終的にはジオ・テキスタイルにより汚染土のレイヤーを隔離し、その上に排水層も兼ね備えた植栽土を1mほど入れながら被覆する「屋上緑化方式」が採用される。植栽を新規に施す部分では1mの植栽土を入れ、植栽がない部分では舗装材によって汚染土との隔離が図られた。デザイン・チームの奮闘の結果、最終的には10,000㎡の汚染土壌を敷地から除去することにより汚染土壌問題は解決する。

従前の利用はガス工場であった　©Projectbureau Westergasfabriek

敷地の航空写真。西端から東側の市街をのぞむ。南側には歴史的な運河と北側に新たにデザインされた水景施設に挟まれた都市型の文化・生態公園　©Rob Feenstra

敷地平面図　©Gustafson Porter

水のテラス越しに工場跡を再利用した文化施設をのぞむ　©Gustafson Porter

ウェストガスファブリークのデザイン構成

　ウェストガスファブリークは敷地の南側を歴史的に水上交通として利用されてきた Haarlemmervaart 運河に、北側を線路に囲まれている。敷地の東端の Wester 公園、工業施設群と合わせてユニークなコンテクストを持った場所であった。デザイナーの Gustafson Porter は東西に長い敷地を新しい文化的、生態的なコンセプトを核に、変化を続けながら市民のパブリックスペースとしての魅力を醸成する場所を提案している。航空写真からも分かるが、タウンホールやマーケットなどガス工場の施設群をリノベーションした都市・文化的な要素が高い東側と水のテラスや自然環境の修復がされた自然度の高い西側が軸線でつながっている。自然ー都市という2項対立ではなく、都市ー村ーランドスケープー自然という緩やかなグラデーションが設定される中に、文化、生態、芸術、商業、社会など様々なプログラムが展開されている。南側の運河沿いにはプロムナードがつくりだされ、近隣住民や自転車でのアクセスを容易にし、レクリエーションやイベントのための広場が設けられている。これらはイベントや人の利活用によって人で埋め尽くされて賑やかな時もあれば、空っぽで静寂な日もある。

ポストインダストリアル・ウォータースケープ

　公園内のウォータースケープの特徴は敷地南側の運河と北側の水景施設の2つで構成される。南側の運河は都市的なプロムナードとして工場施設群跡や地域間を結ぶ動線なのに対して、北側の水景施設は大きく3つの特徴あるエリアで構成されている。第1に北西側はウェット・ガーデンとよばれ、より自然度の高い湿性植栽の施された水景施設とボードウォークで構成される。第2の水のテラスでは循環水景施設で薄く張られた水面が段上に構成され、湿性植物が植えられている。このテラス内の植物は遷移が進まないように制御され、複数の湿性植物が共存する状況が保たれている。テラスとテラスの間には堰がつくられ、水が流れ落ちるこの堰の上も歩けるようにデザイン上の工夫がみられる。第3の水景施設がレイク（湖）と呼ばれる広大な水面である。北側の線路とレイクの間には腕のように長く伸びたランドフォームがつくられ、南側に向けて芝生のスロープと水面が一体的にデザインされると同時に広場や敷地の南側が俯瞰できる場所となっている。水景施設の深さは北側が600mmで、南側の親水空間部分に向けて浅くなるように勾配がつけられている。水景施設の縁石と擁壁にはベルギー産の硬質砂岩が使われているが、底面には濃く暗い色の石が使われ、空や様々なものの映り込み効果を高く、水の存在感を高めるような工夫がされている。親水空間の水は5～9月の間循環させ、毎日240ℓの上水を入れ、UVフィルターによる浄化を行っているが、シーズンオフは他の水景施設と堰を外して合体させて管理するとのことである。

　公園内でもう一つ特筆すべき水景施設はガスタンクを再利用した水の庭である。タンク内には睡蓮をはじめとする水生植物が植栽されており工場施設跡が全く新しい形で生まれ変わった。この庭にはデッキでアクセスすることができ、公園内でも人気スポットの一つである。

文化・芸術と生態から
ポストインダストリアル・ランドスケープに取り組む

　ウェストガスファブリークはブラウンフィールドの代表的な再生事例として広く認識されている。その理由の一つとして、都心部における工場跡地の再生であること、閉鎖された汚染部分とオープンな利活用部分のバランス、工場跡地の読み替えによる敷地従前の状況の喚起と、新しい機能的なデザインの挿入による異なる魅力のバランスのとり方など、単なる保全修復や再生を超えたポストインダストリアル・ランドスケープとして独特なプロジェクトに仕上がっているからであろう。他事例との大きな違いは、文化・芸術と生態を共存させ、工場跡地の魅力を活かしながら場所を創造している点である。現在もレストラン、ギャラリー、アートスタジオなどの固定オーナーと、レクチャーやイベント、マーケットやショーなどの暫定的な会場利用も含めて驚くほど多様な文化・芸術プログラムが展開され、秀逸な公園のマネジメントが展開されている。文化・芸術プログラムと生態や水、パブリックスペースとしての価値も同時に高めたことで、多世代の多様な市民のニーズを反映した拠点パブリックスペースとして、リバブルシティの魅力を高める大切な場所の一つとなっている。

　このように、都心部に残存する多くのブラウンフィールドにどのように介入することで、リバブルシティの創成に結びつけることができるか、今後の取り組みが期待されている。

参考文献
1)Moving Horizons The Landscape Architecture of Kathryn Gustafson and Partners(2004): Jane Amidon, Birkhaeuser
2)http://www.westergasfabriek.nl/en/
3)Official Press Materials provided by Gustafson Porter Marketing team

上／敷地北側のランドフォームと水景施設。ランドフォーム側の水深は600mmで芝生広場側に向けて浅くなり、親水空間として夏は多くの人で賑わう ©Gustafson Porter。右上／ウェット・ガーデンは湿性植栽の施された水景施設とボードウォークで構成される ©Helene Binet。右下／ガスタンクを再利用した水の庭 ©Helene Binet

敷地北側の水景施設は冬にはスケートリンクに変わる ©Cultuurpark Westergasfabriek

ウェット・ガーデンでは自然度の高い水辺が創成され、静寂で落ち着いた場所となっている　©Thomas Schlijper

水が流れ落ちる水ウォーターテラスの堰の上を歩く子供　©Gustafson Porter

プロジェクト・データ
Culturrpark Westergasfabriek
所在地：アムステルダム市・オランダ
主要用途：（従前）ガス工場　（従後）多機能型・都市文化公園
クライアント：Projectbureau Westergasfabriek, Westerpark District Council + City of Amsterdam
ランドスケープ：Gustafson Porter LLP, UK
建築家：Francine Houben, Mecanoo
エンジニア：Ove Arup & Partners Ltd, Tauw
構造エンジニア：Pieters Bouwtechniek
Project Manager：Northcroft Belgium sa
Management：Tauw
規模：11.5 ha
設計期間：2000〜2004（1996 国際コンペ）
開園：2004 年
主な受賞：2010 EU Prize for Cultural Heritage / Europa Nostra Award / Winner in Category 1: Conservation, 2007International Urban Landscape Award (Topos), Finalist, 2006 European Prize for Urban Public Space

水のテラスや水の庭は子供達にとって水辺の生物や動植物にふれる場所でもある
©Cultuurpark Westergasfabriek

085

Water for All
―水を媒介とした人間、都市、自然の新しい関係性

福岡孝則　Takanori Fukuoka

はじめに

Water is the driving force of all nature (Leonardo Da Vinci)
水はすべての自然の原動力である（レオナルド・ダ・ヴィンチ）

レオナルド・ダ・ヴィンチは水の本質や流れの特性など数多くのスケッチや文章を残している。水はあらゆる境界を越え、生きた媒体となって変化をしながら存在し続ける。水は大地を潤し、私たちの生活を支える見えない生態基盤である一方で、時には毒を持ち、激しく流れ私たちの生活を脅かす。ここではドイツ・コブレンツ BUGA のウォーター・プレイグラウンドと自然水のプールをご紹介し、すべての人のための水とは？　そして水を媒介とした人間、都市、自然の関係性を紡ぐ試みを小さなプロジェクトを通じて考えたい。水を媒介に人間、都市、自然の関係性を考えることは、リバブルシティ創成へ大きなヒントを与えてくれる。

BUGA コブレンツのウォーター・プレイグラウンド

ドイツの南西部に立地するコブレンツ市は、モーゼル川とライン川の合流点に位置する歴史的にも重要な都市である。ドイチェス・エック（ドイツの角）といわれる 2 つの河川の合流点にある公園内では 2011 年に連邦庭園博覧会 (BUGA) が開催された。BUGA とはドイツ国内各地で 2 年に 1 回開催される博覧会で、特徴的なのは庭園博覧会を契機に公園・緑地の整備を推進することだ。庭園博覧会のために建設されたほとんどの屋外空間が博覧会後も常設化され、その都市の資源となる。因みにドイツでは、より地域密着型の Landesgartenschau（地方庭園博覧会）も開催され、地域の核となる公園・緑地を第一に整える手法として庭園博覧会が機能している。

コブレンツのウォーター・プレイグラウンド（水の遊び場）はドイツの角・歴史的な公園内に立地し、2011 年の BUGA を契機に建設された。水の遊び場のコンセプトは「すべての人が水を体験することのできる場所」である。子供から大人まで、水に触れ、次々に変化するその動きを眺め、体験し、言葉では決して伝えることのできない水の素晴らしさを多世代に伝えることを目的としている。

水の遊び場はプロムナード、利用者を座って眺めることができるベンチ、植栽などで周囲を緩く囲繞されている。水の遊び場では、子供から大人まで多世代の利用者の自立的な水との関わりを誘発するようなエレメントが設計されている。完璧にプログラム化され、利用者を受け身にする水景施設とは異なり、使い手が動作を加えることで水の多様な様態を体験することができる。水の遊び場では霧、泉（水が湧き出る）、流れ、波紋、間欠泉（水が噴出する）、ダム（水をせき止める）、池（水が溜まる）、排水（水が地面に消える）などあたかも一滴の雨が地上に降ってから地面に浸透するまでの水循環のようなストーリーで構成されている。柔らかく色鮮やかな床面につけられた起伏や勾配が水の流れや滞留する場所を作り出し、利用者はその中に点在するエレメントを使って水を体験しながら回遊する。例えば霧のエレメントでは梯子を上りステンレス製の球体上のボタンを押すと噴霧する仕組みになっていたり、ダムや池のエレメントは手動で動かせる堰を開閉することにより水が溜まったり流出したりする。間欠泉のエレメントではセンサーを足で触れるとそこから水が勢い良く噴射し、排水のエレメントでは水が渦を巻きながら地中に消える様子が体験できる。真夏のコブレンツ・ウォーター・プレイグラウンドは人で埋め尽くされ、水の面白さ、素晴らしさ身近に体験できる場所として絶大な人気を誇っている。

自然水のプールと生態システム

自然水のプールとは、塩素等の化学薬品を排除し、生態的なシステムを使った水の浄化を取り入れた遊泳プールのことを指す。長年、自然水のプールの歴史を持つオーストリアで 1980 年代に出現したこのプールのシステムが 1991 年に国の基準として認可されるとヨーロッパ中で急速に自然水のプールの動きが広がる。現在約 20,000 の自然水のプールがあるが、そのうちパブリックな遊泳プールは約 240 で、そのうちの 170 がドイツ国内に立地する。仕組みを簡単に説明すると、自然水のプールは微生物等と自然紫外線による浄化を基本とし、外部にそれらを補完する形で濾過・人工湿地などによる浄化システムを持つ。ドイツを拠点に水の生態システム・

歴史的なドイツの角内の公園内に BUGA ウォーター・プレイグラウンドは立地する ©Barrett Doherty

真夏日のウォーター・プレイグラウンドは水にふれながら遊ぶ子供たちで埋め尽くされる　©Barrett Doherty

間欠泉をイメージした水の遊び場のエレメント。足や手でセンサーにふれると水が噴出する　©Barrett Doherty

ダムのエレメント。ステンレス製の可動式の堰を動かすことによって水を貯めたり流したりできる　©Barrett Doherty

コンサルタンティングを展開するPoly Planは、プールの他にも水景施設や自然池・湖の修復、下水処理等で同様のコンセプトを応用し注目を集めている。

　ビンゲンとブレーメンの自然水のプールは共にパブリックな遊泳プールで、水面積は2,000〜2,700㎡で基本的な機能は通常の遊泳プールとほとんど変わらないが、特徴的なのは生態的な水システムによる浄化が取り入れられている点である。プールの周縁部や浮島に植えられた水性植物は水中のリンを除去する機能を果たすと同時に、より自然の池や湖に近い環境を創出している。Poly Planのディレクター、シュテファン・ブルンス氏は、「塩素や化学薬品アレルギーのため泳ぐことができない人のために自然水のプールは重要であること、自然の水の持つ力は素晴らしいこと、人間の体内には微生物が無数存在しており、生態システムによる浄化で水中に残った微生物が逆に人間に好影響を与えること、そしてこのような生態システムはプールのみならず応用の可能性の幅が広い」と述べている。自然水のプール上には木製のプラットフォームや浮島がつくられ、子供達がそこから水に元気よく飛び込み、水深の異なるプールで遊んだり泳いだりする姿は通常のプールとあまり変わらない。しかし、自然水のプールは、水を媒介として自然や生態システムを体験する場所としてはユニークな場所である。生態システム的な技術を確立し水や土壌、都市環境への応用可能性を追求すると同時にそれらを目に見えるかたちで体験出来る場所をどのように創成するか？　自然水プールの展開はこうした課題に向けた1つの答を示している。

水を媒介とした人間、都市、自然の新しい関係性

　いま世界に目を向けると、水にまつわる多くの課題が浮かび上がる。渇水、洪水、異常気象による豪雨、水質の汚染など予測不可能でコントロールが難しい問題は山積みである。しかし同時に水辺の再生や水を核にしたパブリックスペースの創成など水との新しいアクティブな関係が、都市生活の質を高める原動力になっている。

　水を媒介とした人間、都市、自然の新しい関係性を考えるとき、水の体験を共有する場所をつくることで、より多くの人が自身の体や体験を通じて課題に向き合う意識を持つことができる。小さな水の遊び場や自然水のプールは、このような水を考える小さな機会を与えてくれる。リバブルシティの創成にとって、水はその都市の生態基盤であり、魅力を映し出す鏡のようなものである。

参考文献
1) Project Information provided by Poly Plan GmbH and Atelier Dreiseitl GnbH
2) Performance of Public Swimming Ponds-An Overview of Hygiene in Ponds with Biological Water Purification, International Organization for natural bathing waters (IOB)

霧のエレメント。梯子を上ってステンレス製の球体のボタンを押すと噴霧する仕組み
©Barrett Doherty

左・上／Stationbad 自然水のプール。幼児から大人までが楽しめるように水深やデザインが工夫されている ©Tristan Vankann。右下／自然プールの生態システムの構造を示すダイアグラム ©Poly Plan GmbH

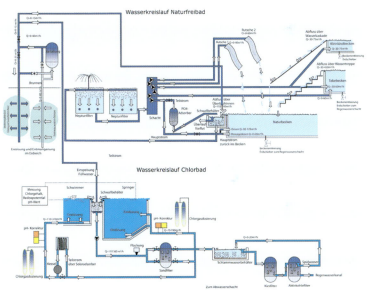

自然プールの生態システムの構造を示すダイアグラム ©Poly Plan GmbH

Bingen 自然水のプール。プール内にもリン除去のために水生植物を植えた浄化システムが設置されている
©Tristan Vankann

プロジェクト・データ
BUGA Water Playground 2011
所在地：コブレンツ市・ドイツ
主要用途：ウォーター・プレイグラウンド
クライアント：BUGA Koblenz 2011
ランドスケープ：Ramboll Studio Dreiseitl
規模：1,111 ㎡
設計期間：2009～2010
開園：2011 年
主な受賞：ドイツ・都市デザイン賞 2012

Stationbad Natural Water Swimming Pool
所在地：ブレーメン市・ドイツ
主要用途：自然水のプール
クライアント：ブレーメン水泳場
水システムのデザイン：Poly Plan GmbH
ランドスケープ：Kreikenbaum+Heinemann
水面積：2,700 ㎡
開園：2006 年

Bingen Natural Water Swimming Pool
所在地：ビンゲン都市公社・ドイツ
主要用途：自然水のプール
クライアント：ビンゲン市
水システムのデザイン：Poly Plan GmbH
水面積：1,940 ㎡
開園：2009 年

前頁左からボルドー・リバーフロント　©J-L Taborda。デンマークの水辺再生　©Photo by BIG。シンガポールのブルーインフラストラクチャー　© Ramboll Studio Dreiseitl。ダイアナ妃メモリアル　©Jason Hawkes。いずれも水を媒介にしたパブリックスペースの形を示している

自然水のプールの周縁部の地形や植栽もプールと一体的にデザインされ、デッキや芝生上での日光浴と遊泳などのアクティビティが混在する　©Tristan Vankann

■コートヤード HIROO
―多様な価値観をもつ人々が混じり合う
　オープンでソーシャルな場所をつくる―

福岡孝則　Takanori Fukuoka

プロジェクトの背景

　コートヤード HIROO の既存建物は昭和 43 年に旧厚生省公務員宿舎として建てられ、南面に 250 坪の駐車場と庭が残されていた。通常の再開発であれば更地とし、より容積率の高い建物を建設するのが定石であるが、この建物の歴史的佇まいや敷地バランスを現代の都市生活に合わせた形で再構築できないかと、施主、事業者、設計者による保全、再生の検討が始まった。既存建物の施工当時は住宅の大量供給が行われていた時期で、この建物も低層 RC 造、50 ㎡前後の 3DK、南面平行配置という当時主流の団地設計手法が用いられている。南側のアルファルトの駐車場と駐輪場を中心とした庭には、放置されて荒れているものの当時の生活を感じさせる跡が残されていた。桜の大木、夏蜜柑や琵琶の木、アスファルトの隙間には鬱蒼と生える雑草で覆い尽くされている庭のどこかに、敷地が継承してきた時間の流れを感じさせるものがあった。短い設計期間の間に施主、事業主、建築家等とラウンドテーブル形式のフラットでオープンな議論を重ね、どのように既存の敷地の持つ資質を活かして新しい場所の価値を生み出すのか、チーム内で活発な議論が行われた。

敷地の従前の状態（アスファルトの駐車場と築 45 年の低層 RC 造の建物）

建物内部は築後 45 年の間竣工時の間取りのまま現存していた

多様な価値観をもつ人々が混じり合うオープンでソーシャルな場所。初夏のコートヤード

駐車場は緑のアウトドアフィットネス空間へリノベーション

コートヤード HIROO のコンセプトとデザイン

　都市部での人口減少に伴い今後派生する空地・空き家問題解決への1つのモデルとして、本プロジェクトでは築46年の集合住宅とアスファルトの駐車場を一体的にリノベーションし、都心における民有の新しいセミパブリックな領域のあり方を模索している。住宅、シェアオフィス、ヨガを核としたアウトドア・フィットネス、レストランなどの新しいミクストユースを設定し、生活する人、働く人、活動をする人が心地よく混じり合う場所づくりを目指している。デザインに関しての工夫は以下のとおりである。「オープンな構成」：既存建物の室内空間や中庭との関わりを劇的に変化させるため、躯体構造への解体や再構築を積極的に行い上下、左右へと室内空間の拡張を図った。「内部と外部」：中庭に接する部分では滞留空間として機能する大型のデッキ階段をつくり、既存では分離されていた建物と庭の関係を調律し、外部の自然環境を内部に取り込める構成とした。「変化する場所」：既存樹木を活かした上で新規植栽を織り交ぜ、コールテン鋼や生垣によって空間を分節、オープンでありながらも周辺の街区や建物から切り離されたプライベートな場所を創成し、常に身体スケールで自然を意識できる場をつくっている。コートヤード HIROO においては、オープンで今後の変化も許容するような柔軟な敷地のフレームワークのデザインとなっている。利用形態によって、小さい屋外リビングのような自然と共に時間を過ごすためのプライベートな場所と、ヨガやアウトドアパーティーなどの大きなイベントも可能にするソーシャルな場所の共存を目指している。この場所が継承してきたものを活かし、新しく挿入した要素がうまく重なり合うように構成している。

都市生活者の健康を取り戻すための特別な場所

　コートヤード HIROO 構想段階では、この場所の用途や事業モデル・運営など未知数の部分が多かった。敷地の持つ魅力と可能性を心の支えに、事業主は無理にオープン時に用途を固定せず将来像の変化を許容する余白を残しながら試行錯誤を続け、2年かけてテナントが全て埋まることになる。プロジェクトの初期にコンセプトを議論している際に、ある一枚の写真をプレゼンした。樹々に囲まれた木のテラスで一人の女性がヨガをしている写真。この写真をきっかけに、アウトドア・フィットネスという屋外空間も最大限に活用した、都市生活者が健康を取り戻す場所をつくるということがプロジェクトの核の一つになり、ヨガを中心とした屋外で自然の中で体を動かすことができる場所の実現へとつながる。現在、コートヤード HIROO では、ヨガやトレーニングなどが屋内外で日々展開される特別な場所となっている。

夜ヨガのクラス。都市生活者の健康を取り戻す

都市に住む若者が交流する夏の夜

オープニングの様子。利用者がデッキや芝生面に座ったり、寝転んだり。敷地の状況デザインが流動的な人間の動きやソーシャルなアクティビティを誘発する

建物内で開催されたクリスマスのイベント

桜の下でのライブ・ペインティング

First Friday 民間がつくる新しいライフスタイル、共有のかたち

2014年10月から毎月第一金曜日にFirst Fridayというパブリックなイベントを計18回開催、毎回数百名が訪れ、まるで公園のように使われている。都市に暮らし、健康・文化・芸術など多様な価値観をもつ人々が心地よく混じり合う場所をつくるために、事業主である株式会社アトムのスタッフを中心にテナントであるアウトドア・フィットネス、ギャラリー、レストラン、シェアオフィスのスタッフなどが共同で毎回企画をたて、自主的に運営する。春は桜の散る中でのライブペインティング、夏には地域の子供達をたくさん招待してプールで水遊びができる場所をつくる。どこからもなく、多くの親子連れが集まり、コートヤードに走り回る子供達の歓声が聞こえる。毎回、敷地にはフードトラックや小さいお店が出され、季節ごとに少しずつ異なる雰囲気を味わうことができる。秋になると、屋外でダンスのパフォーマンスや映画を上映し、爽やかな風が吹き抜ける敷地でゆったりと秋の夜を楽しむ人で賑わう。冬にはクリスマスのイベントや光の細やかなイルミネーションを眺めながら、ホットワインを啜る人がおしゃべりをしている。このように、コートヤードHIROOのFirst Fridayは民間がつくる新しいライフスタイルの実験場となっている。

パブリックスペースから Livable City をつくる

これからの時代、都市のパブリックスペースこそがリバブルシティ（住みやすい都市）創成の鍵になる。これまでの都市にない自然や余白、散歩や軽い運動ができ、人と交流できる場所を都市に住む人々は求めている。敷地は小さく、たとえ暫定的であったとしても民間でつくるオープンでソーシャルな場所に関わり続ける中で、リバブルシティをつくることを考えていきたい。リバブルシティを構成する要素は生態・環境、文化・芸術、生活、健康など多岐にわたるが、その場所で、またその都市に固有の資源と魅力から何を引き出すことができるのかが重要だろう。これからの日本の地域・都市を考えても時間の流れを途切れさせてはいけない風景がたくさん埋まっている。そうした場所に固有の魅力と、時間によって変化する余白を残してランドスケープを考えていくことは、これからの日本の都市で求められていることだと考える。

真夏のFirst Fridayには近隣の子供たちも招待し、コートヤードHIROOが暫定的な「子どもの遊び場」となる

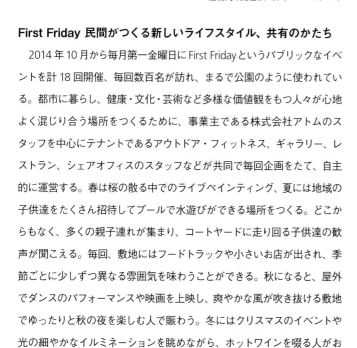

第2章　パブリックスペースからリバブルシティを考える

春のFirst Friday。生活する人、働く人、活動する人が心地よく混じり合う場所

敷地平面図　NTS（©Fd Landscape）

コートヤードHIROO

所在地	東京都港区西麻布
主要用途	集合住宅、事務所、店舗
建主／事業主	株式会社アトム
ソフト事業／ブランディング	有限会社ルート、株式会社ポジティブ
設計	建築／デビュアル建築設計、ランドスケープ／Fd Landscape、照明／ソノベデザインオフィス、構造／山本建築構造設計事務所
施工	建築・造園工事／株式会社ナカノフドー建設、植栽工事／株式会社リメックス
規模	全体敷地面積／1,096.85㎡、建築面積／269.99㎡、外構面積／826.86㎡、延床面積／727.92㎡
敷地条件	第一種中高層住居専用地域、港区景観計画区域
設計期間	2013年6月〜12月
施工期間	2014年1月〜4月
竣工	2014年5月
仕様	石材／御影石錆系ビシャン仕上げ、石張擁壁／御影石錆系ビシャン仕上げ、同割肌仕上げ、デッキ／合成木材製、芝生駐車場／グラスミックス（東邦レオ株式会社）、壁／コールテン鋼（株式会社ナカミツ建工）、RC壁白系モルタル仕上げ、エッジ／SUSヘアライン仕上げ
植栽	【高木・中木】シマトネリコ（株立）、ヤマボウシ（株立）、コブシ、ヤマモミジ、シャラノキ、スモークツリー、【低木】キンメツゲ（生垣）、ガクアジサイ、ブッドレア、【地被】ベニシダ、芝生、ナツヅタ、キヅタ

■都心の公園を育てるこころみ
—リバブルシティをめざして—

村上豪英　Takehide Murakami
一般社団法人リバブルシティイニシアティブ代表理事（アーバンピクニック事務局長）
写真撮影者＝山脇和哉（一部：村上豪英）

　神戸の都心に広がる東遊園地（ひがしゆうえんち）は、外国人専用の西洋式運動公園として1868年に誕生した。約2.7haの公園には土のグラウンドが広がり、各種モニュメントや並木道などが整備されているもののどこかそっけない印象を与え、市民がゆっくりと過ごす場所としては使われていなかった。周辺はオフィスビルが建ち並ぶビジネス街で、阪神・淡路大震災の追悼行事などの大規模イベントが開催されるときを除けば、平日のみならず、休日でも滞在するひとは多くない公園であった。

　しかし、視点を変えると可能性が見えてくる。神戸の都心部は、海と山に囲まれたコンパクトシティであり、狭いエリアに職住遊を担う主要施設が集まっている。その中心に位置する東遊園地が、市民のアウトドアリビングとして愛着を集め、日頃からもっと使われるようになれば、公園だけではなく都心全体の魅力を高めることができるのではないか。

　その仮説を確かめる第一歩として、筆者を含む民間の数名は実行委員会を組織し、趣旨に賛同した神戸市役所とともに、「東遊園地パークマネジメント社会実験」（2015年6月、及び10〜11月の2回）を開催した。また、2016年には4か月半にわたる社会実験を開催し、アウトドアライブラリーやカフェを中心とする仮設の施設を展開することによって、日常的な利用促進をめざした。市民のライフスタイルこそが都市の魅力の源泉だと捉えられるなか、都市と自然を同時に楽しむ神戸らしいライフスタイルを発信する意味を込めて、この一連の社会実験を「URBAN PICNIC」（アーバンピクニック）と名づけた。

　この社会実験の経験を踏まえ、パブリックライフを創出する工夫、参画する人びととの広がり、これからの公園が果たす役割の3点について考察し、結びとして公園を育てることとリバブルシティの関係について私論を示す。

1. パブリックライフを創出する工夫

　公園は、使いかたを限定しないオープンスペースである。このため、誰にでも開かれた心地のよい空間に改善することが最優先だと考えた。2015年度の2回の実験に際して、公園の一部に期間限定の芝生を設置したところ、120㎡と小規模なグリーンにも空間の質を大きく変える力があり、来場者に好評であった。このため2016年度には神戸市役所がグラウンド部分のほぼ全面に、約2,500㎡の芝生を設置する運びとなった。

　しかしながら、日常的に公園を通過していた人々が行動を変え、滞在時間を延ばすためには、何らかのきっかけが必要である。インタビュー調査からは、公園で何をすればよいかイメージできない市民が多いことも浮かび上がっており、まずは公園に赴く理由としての「コトづくり」が、日常的な利用への導入として重要だと考えられた。また、利用者の幅を広げるに

普段の東遊園地

は、従来の枠にとらわれない公園の使いかたを提示する必要があった。このため、社会実験の期間中、豊かなパブリックライフを創出すべく様々な工夫を行った。ここではその一端を示したい。

①使いかたの枠を広げる

　神戸は市域内に広大な農村部をもつが、都心からはその近さを意識することが少ない。2015年の社会実験期間中に数回開催したファーマーズマーケットは、豊かな食生活という神戸の強みを実感できる取り組みとして、今までとは違う利用者層を東遊園地に集めることとなった。2016年に設立された一般社団法人神戸ファーマーズマーケットは、ほぼ毎週末にこのファーマーズマーケットを開催し、市民が生産者と交流できる定番プログラムとして定着させることに成功している。

　また、企業や民間団体など多様な主体に、公園の利用者に無償で提供するプログラム開催を呼びかけたところ、詩の朗読会やアートのワークショップ、フラやヨガの教室など、2年間で約30種類ものプログラムが実施され、主催者・利用者の双方に大変好評であった。また、事務局の主催によって野外映画上映会やアコースティックの演奏会などの定期プログラムを開催したほか、会場内には日差しや急な雨を避けることができるシェイドのほか、卓球台やハンモックを設置し、今までになかった公園の使いかたを体感して頂いた。

②本の寄贈が集める想い

　会場内にはアウトドアライブラリーを設置し、一人一冊に限定して市民から寄贈して頂いた本を配架した。

　公募等によって集まったボランティアスタッフが、「何度も読み返す一

2015年、1回目の社会実験会期中の東遊園地　カウンターにアウトドアライブラリーの本棚を設置

「芝生で絵本」は子どもに人気

ファーマーズマーケット全景

アウトドアライブラリーの本棚にて

冊」「今だから読みたい絵本・おはなし」「ハゲを励ます本棚」など、テーマごとに広く市民に本の提供を呼びかけた結果、2年間の累計で約1000冊もの本が集まり、公園で足をとめて時間をすごすきっかけを多くの方に提供することができた。

　一人一冊に限定したため、集まった本には自ずと寄贈者の心がこもる。一冊寄贈するたびに市民の思いが集まる仕組みには前例がなく、市民が公共空間を共有する感覚を育てる取り組みとして、また市民の魅力を公園に凝縮して発信する取り組みとして、大きな可能性があると感じている。

③交流の可能性を引き出す

　ライブラリーやプログラムの受け付け、カフェの運営などのため、公園にはスタッフが常駐した。このスタッフの存在によって、はじめての来訪者との間にも会話が生まれただけではなく、関わりをもった市民が頻繁に会場を訪れ、滞在するきっかけをつくった。そして、滞在する人びと自身が風景（ヒューマンスケープ）となり、公園の魅力を高めたことを実感している。

　もともと東遊園地は、通過する人々が交錯する広場的な側面をもっていた。その人々が通過する際のスピードを落とし、時には滞在することで、コ

ヒューマンスケープが生まれる

常駐することでつながる

本棚を介した交流

ミュニケーションが連鎖的に生まれるシーンを何度も目撃した。多くの人々が行き交う空間に交流の可能性をもたらすため、触媒としてのスタッフが常駐する意味は大きい。

2. 参画する人びとの広がり

2014年10月の「デザイン都市・神戸」創造会議（神戸市役所主催）は、東遊園地の活性化が提案された初めての公式会議であり、都心の公園の将来像を行政が検討するきっかけとなった。この動きに呼応した筆者を含む複数の市民は、2015年、学識経験者を顧問に迎えて実行委員会を組織し、日常利用の可能性を確かめる社会実験を主催者として企画することとなった。数ヶ月の議論を経て、一連の社会実験に行政が共催者として加わったことは、東遊園地のもつ可能性を官民が共に体感し、将来像を議論する土台をつくるうえで、大きな意味があった。

2016年の社会実験に際しては、新しく設立した一般社団法人リバブルシティイニシアティブを核として、実行委員会のメンバーが東遊園地パークマネジメント検討協議会を組成した。この協議会には上述の実行委員会のメンバーを中心に、公園設計やマーケティングなど各分野の専門家が参加し、多様な見地から社会実験の方向性を定める基盤となった。

企画・運営にあたっては、企業経営者からクリエイティブスタッフ、学生まで幅広いボランティアスタッフが参加し、それぞれが自分の関心がある分野に貢献した。専門知識をもつスタッフも多く、ライブラリーや広報など、機能に分かれてコアグループをつくり、企画運営を支えてくれた。また、2016年度には公共空間の活用に関心をもつ学生が集まって部会をつくり、公園の歴史や魅力を伝えるためのガイドツアーを毎週開催したほか、

ヨガなど、約30種類のプログラムを市民等が主催

第2章 パブリックスペースからリバブルシティを考える

ハンモックで心地よいひとときを

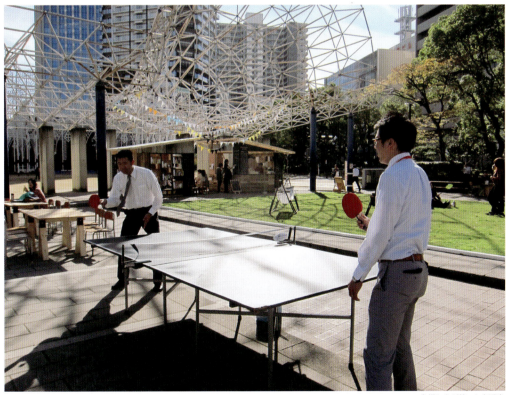

多様な人が使った卓球台

101

左／学生チームによる公園のガイドツアー。右／芝生上で国際フォーラムを開催

公園の活用方法を模索するための実験を重ねた。

同時に、本の寄贈やプログラムの主催、公園の利用実態調査など、社会実験の一部分に多くの市民が主体的に参画した。この参画によって、ともすれば行政による管理の側面だけが目立ちがちな公共空間を、市民が共有しているという意識を高めることができた。趣旨に賛同した多くのミュージシャンが、美しい音色を公園に響かせたことも特筆しておきたい。

当初は後援団体であった公園周辺の2つのまちづくり協議会は、2016年度には上記の検討協議会に参加して、周辺地権者の視点を提供した。公園の利用促進は、周辺の不動産市況に影響を及ぼす。将来的に、公園とエリアの価値向上をめざす主体（パークマネジメントオーガニゼーション）を実現させることも視野に入れると、まちづくり協議会が社会実験の段階から参加したことは大きな意味をもつ。

社会実験の目的は、仮説の検証だけにあるのではない。むしろ、東遊園地がもつ大きな可能性を、主催関係者、行政、市民など、数百人にわたる参画者が共に体感したことこそが、最大の意義だったと感じている。これからも、幅広い方々に深く関わって頂くことに注力していきたい。

3．これからの公園が果たす役割

日本の公園には、公衆衛生上の必要から誕生したという歴史がある。また公園は、心身の疲れを癒やし、労働力を再生産（レクリエーション）する場としても位置づけられてきた。都市生活が、工場や事務所などの屋内空間で働くことを意味していた時代、公園は閉塞的に感じられた都市空間のマイナス面を補完する存在だったと言える。

時代は移り、都市は多様なライフスタイルや文化を育み、創造力を引き出す基盤として期待されるようになった。公園をはじめとする公共空間もその例外ではない。誰にでも開かれた公園に何かの機能を突出して背負わせることは適当ではないが、いまや公園の使いかたは従来の枠を越え、オフィスや思索の場としても大きな可能性をもつようになった。公園は、都市の創造性を高める存在としても期待されているのである。

さらに、公園には「つなぐ」役割も期待されている。同じ都市空間を使いながら、これまでは交わることのなかった「働くひと」「住むひと」「訪れるひと」が、ゆったりとした時間を公園で共有することによって、お互いの存在を感じ、関わりが生まれる。公共空間が人びとを「つなぐ」ことによって、まちの使い方に奥行きが生まれ、都市の魅力を高めることができる。

公衆衛生やレクリエーションに加え、これからの公園には都市の創造性を高め、人びとを「つなぐ」役割が期待される。だからこそ、公園内部だけを最適化する発想からは、いまやまちの主役ともいえる公園の、潜在的な価値を発揮させることは難しい。これからは、水しずくが水面に波紋を広げるように都市空間の全体最適を具現化する、レバレッジポイントとしての公園のありかたが求められているのである。

一連の社会実験の議論には、公園部門だけでなく産業部門や企画部門など、行政の複数部門が参加した。あらかじめ庁内連携を意図したわけではなかったが、公園を拠点にしつつエリア価値にまで視野を広げるために必要な横串の連携がはじめから実現したことは意義深く、付記しておく。

結びに

公園がもつ価値に気づき、その活用をめざした取り組みは各地に増えているが、そのなかには行政や指定管理者などの管理側が居心地のよい空間を創出し、それを市民が楽しむという関係にとどまっているケースも多い。公共空間の質が高まることはすばらしいことに間違いないが、私たちはそのように行政サービスを評価し、選び取る「消費者」にすぎないのだろうか。

私たちは、自らが住む環境をよりよくしたいと願って行動する、「市民」としての一面ももっており、公園はその市民性を育むための絶好のステージと捉えることができる。こう考えるからこそ、2年にわたるこれまでの社会実験の期間を通して、少しでも多くの人が公園を育てる側に回ることをめざしてきた。

これまで数十年にわたり、リバブルシティ（住みやすい都市）は、生活利便性や環境の豊かさなど、住民として都市から享受できる諸条件を指標化することで、国際的にランク付けがなされてきた。今後、このリバブルシティの評価基準を現代に合ったかたちに進化させるためには、住民として享受できる諸条件だけではなく、主体的に都市の魅力を高めようとする市民活動を指標に加えることが重要であり、公園をはじめとする公共空間こそ、その活動の有無を目にすることができる象徴的な場所なのである。

阪神・淡路大震災以降、東遊園地には追悼施設が集中し、まちの記憶

公園が市民活動を映し出す

をとどめることとなった。この公園を、まちのライフスタイルの表現・発信する拠点へと市民自らが主体的に育てることができれば、神戸を象徴するパブリックスペースとして魅力を高めるだけではなく、未来のリバブルシティの基準を発信できる可能性も見えてくる。

その可能性を現実のものとするため、多くの市民が行政と同じビジョンを描いて進む「神戸モデル」によって、これからも東遊園地を育てるこころみを進めていきたい。

夜の公園にアコースティックが響く

村上豪英 [Takehide Murakami]
［一般社団法人リバブルシティイニシアティブ代表理事（アーバンピクニック事務局長）］
1972年生まれ。京都大学理学部卒業、同大学理学研究科生態学研究センター修了。シンクタンク勤務を経て、現在は株式会社村上工務店 代表取締役社長。2011年から神戸モトマチ大学を代表として主宰。

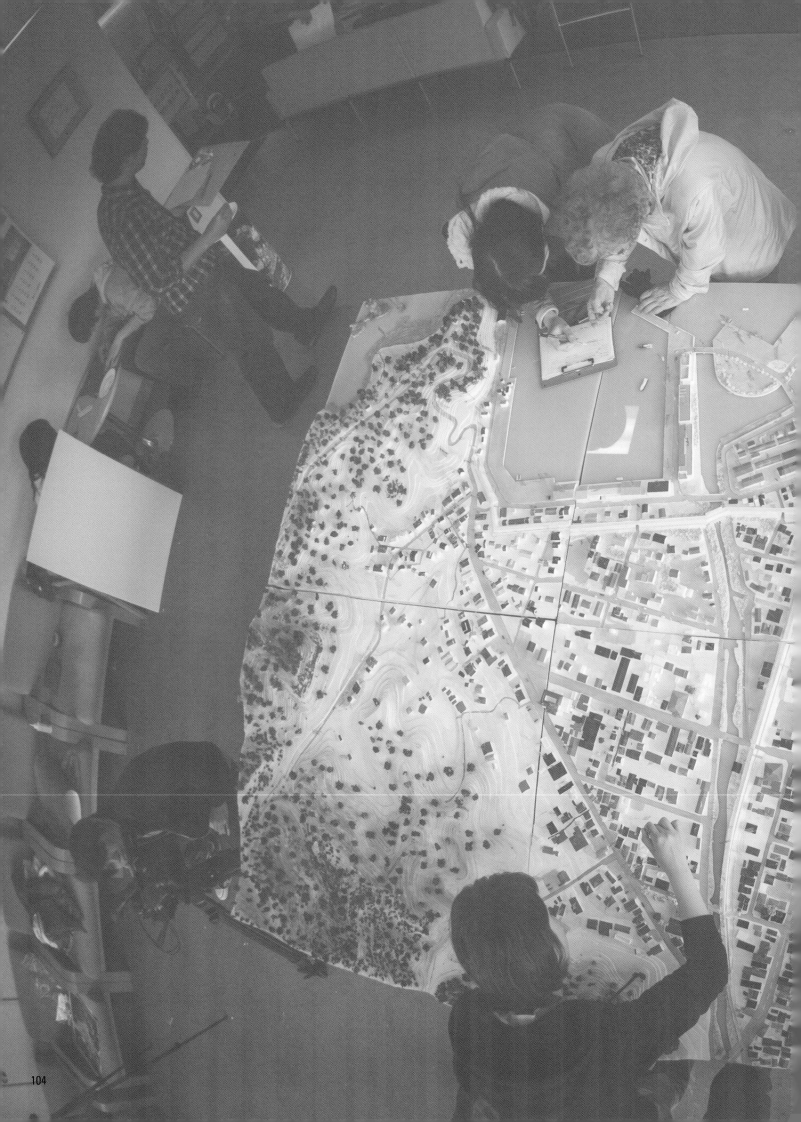

第3章
リバブルシティのつくり方
提案編

■減災デザイン都市
コルゲート鋼板を用い段階的供給による拡張可能な災害時仮設住宅の提案

遠藤秀平　Shuhei Endo ［神戸大学大学院工学研究科建築学専攻 教授、建築家］、
神戸大学大学院 遠藤研究室　Kobe University Endo Laboratory

　災害後に必要とされる仮設住宅をテーマとして、持続的な住環境へと拡張する可能性を示すコルゲートハウスの提案である。

　コルゲートハウスとは波形断面の鋼板材料であるコルゲート鋼板を主な構造体として成立する組み立て形式の住宅である。このコルゲート鋼板とは、土木分野で広く採用されているコルゲートパイプ（トンネルや地下共同溝などに利用・耐久性を高めるため亜鉛によるドブ付けメッキの処理がされている）の基本パーツで、JISで定められた規格にそって制作されている工業製品である。世界的にも汎用性のある工業技術によって各国で生産されているが、日本では現在大手鉄鋼メーカー2社により一定量が生産されていることからも、短期間に大量に必要となる災害時の仮設住宅としての適応性を有したものである。通常は標準の断面により土中に埋設されるものであるが、コルゲート鋼板を半円形に組み立てる事により住空間に対応した設定とすることができる。これらを災害初期の最小限の単位から、復興期に向けて必要によって増設を行い定住可能な住宅へと拡張する事を可能とする提案である。

第3章 リバブルシティのつくり方 提案編

遠藤研究室では持続的住環境を研究対象とした本講座での活動として、年々増えつつある自然災害における建築分野の課題として、2つの具体的な検討と提案を行って来た。

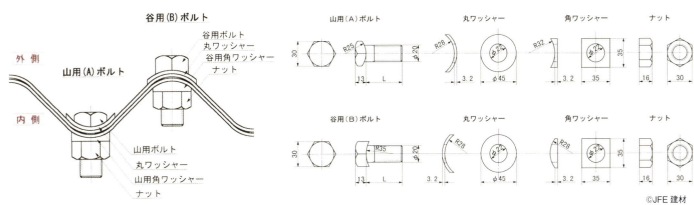

©JFE建材

コルゲートハウス
コルゲート鋼板を利用し、迅速な仮設住宅供給とコア別の増減築により定住を可能とする

以下はコルゲート鋼板を活用した災害復旧時と復興時に必要となる拡張住宅「コルゲートハウス」の展開をしめすものである。

コルゲート鋼板の組み立ては簡易であり、基本的には2種類のボルトを締め付ける事により構造的に成立する。建設現場において熟練工を要せず、災害時に救援に駆けつける人であればだれでもが組み立てを行なう事ができる。

全体の重量により安定するため、基礎工事は不要であり、防湿シートなどの措置をおこない、敷砂利の上に置くだけの単純な設定とすることができる。

安定した内部空間の環境を確保するために、コルゲート内側に発砲ウレタンや断熱パネルを設置することで居住空間としての必要な断熱性能を獲得する。また内装はCLTパネル板を利用する事でパーツをシステム化し、かつ木質化により居住性を高めた空間とする。

そして、復興期には定住に対応できるよう、段階的に増築可能な設定としている。この増築には、居住者自らの工事も可能となる簡易な施工性により、短期間で経済的な工事とすることができる。この段階では地面との設定を安定化させるため、スクリュー杭などにより地面との定着力を高める追加措置を行なう。

初期の最小限のスペース（24㎡）から第二段階として34㎡、そして定住に必要な58㎡程度の増築迄を簡易に行なう事ができる。もちろん仮設段階から定住移行により敷地を移動する場合には、最小単位をトラック輸送が可能なモジュールとすることで、移設先までは簡単に移動させその後に増築を行い、エネルギーや資源の無駄な消費を押さえる事も可能となる。

さらに、状況の変化により継続利用がなくなれば、ボルトを緩めるだけの簡単な解体により移築・リユースが可能となる。また住居としての使命を終えた場合には、単体の鉄素材であるために溶融しリサイクルが可能となる。

また、本提案では仮設から常設に移行し、住民が集まって集住するイメージを想定している。そこで、亜鉛メッキの外観に対して、蔦などの壁面緑化によりこれまでにない景観をつくり出す事を提案している。

住環境としては馴染みの少ないコルゲート鋼板であるが、仮設から定住への移行を合理的に実現する可能性を有しており、近未来のあらたな住環境をつくりだす素材としての役割を与えられるのではないかと考えている。

大規模災害時における仮設住宅供給の現状と課題

現在の大規模災害時に供給される仮設住宅は、プレハブ応急仮設住宅が広く普及している。プレハブ応急仮設住宅は画一的な住居を同時期に大量供給することを可能にしているが、その一方で様々な問題点も指摘されている。特に以下の2つの問題点に着目した。

（問題点1）
画一的かつ完結した形態で供給されるため、様々な家族形態や避難生活の長期化による変化に対応出来ない。

（問題点2）
入居期間が5年以上になる場合があるにも関わらず、被災から復興までの過程の一時的な仮住まいである。

コルゲート仮設住宅の提案

左記のようなプレハブ応急仮設住宅の問題点を打開する、コルゲート鋼板を主構造として用いたコルゲート仮設住宅を提案する。

提案の詳細は以下の通りである。
（提案1）規格化されているコルゲート鋼板を駆体として用い、より素早い仮設住宅の供給を行う。

コルゲートシートは1,300mm×2,478mmの1セクションでトラックに積載分解して運搬し、現場で組み立て・接合を行うことができる

大規模災害発生 → 直後 避難所やテント車中泊など → 約2ヶ月 プレハブ応急仮設住宅（建築基準法上は2年しかし実際は5年以上に渡る場合も） → 住宅再建や復興住宅

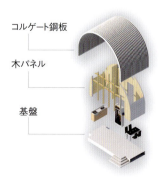

コルゲート鋼板
木パネル
基盤

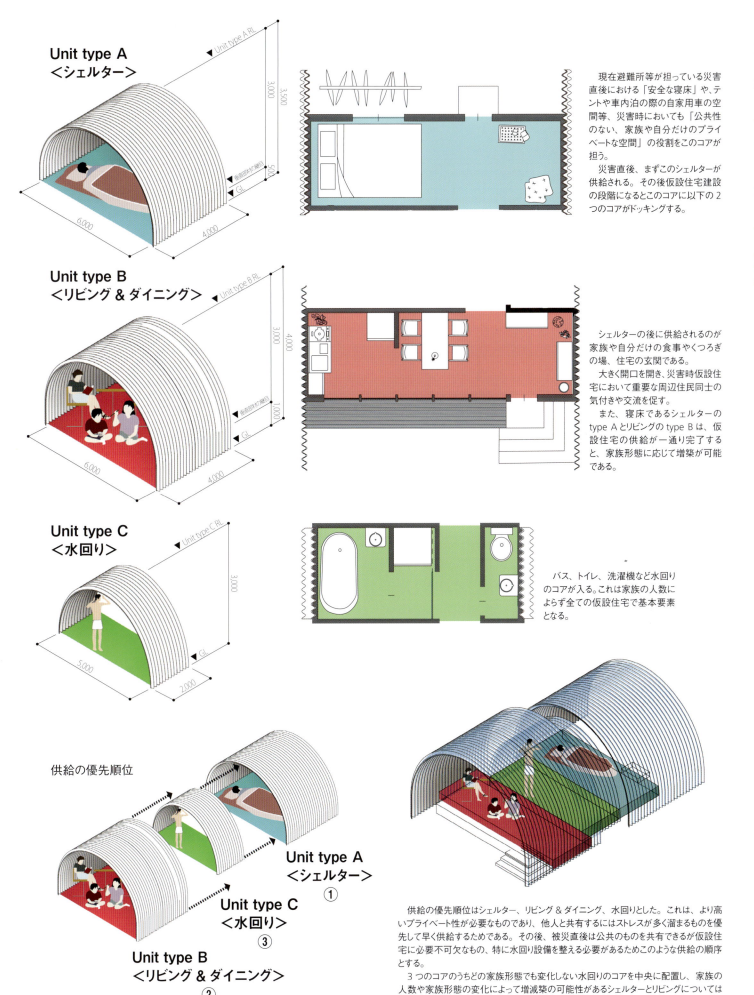

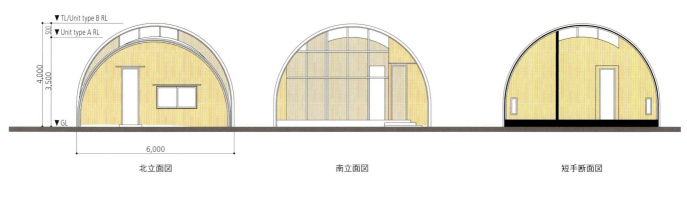

北立面図　　　　　南立面図　　　　　短手断面図

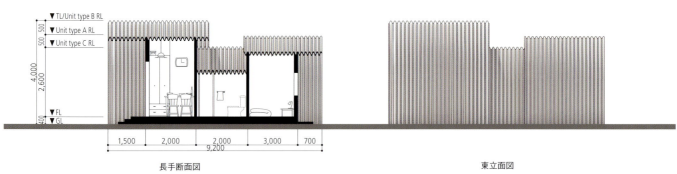

長手断面図　　　　　東立面図

基本のプランと派生プラン

>> 基本プラン1

半円ボールト型
2人〜4人家族に対応
平面構成は基本のプランとほぼ等しいが、コルゲートボールトが一体であるプラン。設置当初より定住を想定した設定である。

平面図　　　　　屋根伏図

>> 派生プラン1

2人〜4人家族に対応
1人世帯〜3人世帯、大人2人子供2人の4人世帯に適応する基本となるプラン。
Unit type A、B、Cの3つのコルゲートドーム同士は接合されておらず、CLTパネルなどの壁体の取り外しにより増改築が比較的容易なプラン。

平面図　　　　　屋根伏図

>> 派生プラン2

リビング広めプラン
3人〜家族に対応
広いキッチンと8席あるリビングダイニングが特徴のプラン。人がたくさん集まる家庭に対応する。

屋根伏図　　　　　平面図

コルゲートハウスの供給と拡張のフェーズ

>> **Phase 1**
災害発生2週間程度で最小限シェルターの供給開始

大規模災害発生から2週間程の初期対応として避難所や公園・グラウンド、または災害復興を前提にした定住敷地にコルゲート鋼板を運び、組み立てを行いここから最小限シェルターとしての仮設住居 Unit typeA を供給する。トイレやバスなどの水回りは供用での利用を前提とする。

>> **Phase 2**
最小限仮設住居ユニット完成

Phase1 から1か月程度を目処に、復興のための定住敷地に Unit typeA を移設。また移設や初期から定住敷地に設営された Unit typeA に対して、給排水インフラを整備し、トイレやバスなどの水回り有する Unit typeC を接合する。

>> **Phase 3**
基本定住住居ユニット完成

Phase2 以降に長期定住を選択した段階で、リビング&ダイニング機能を拡充する Unit typeB を接合する。この段階で本格的な定住のためのユニットが完成し、必要によりさらにユニットの拡張も可能となる。

>> **Phase 4**
定住住居ユニットからの派生プラン

基本プランや派生ユニット1・2など様々なバリエーションの選択により定住化が広がる。

>> **Phase 5**
定住住居ユニットによる集落の形成

数年後、壁面植栽などにより新たな集落の風景が形成される。集落の中心には大型の集会所や共同の畑などが作られ、住人相互の共同作業などによりコミュニティの形成が進む。

>> **Phase 6**
コルゲートハウスの可能性

さらに、被災前の居住地に戻る場合にはユニットを分離運搬することで、元の敷地での復興にも活用することができる。コルゲートハウスは、災害や復興に対応したライフスタイルの変化に合わせ、ユニットの増減築を行い資源の有効活用を可能とする。

遠藤秀平 [Shuhei Endo]

[神戸大学大学院工学研究科建築学専攻 教授、建築家]
1960年滋賀県生まれ。1986年京都市立芸術大学大学院修了。1988年遠藤秀平建築研究所設立。2004年ザルツブルグサマーアカデミー教授。2007年～神戸大学大学院教授。主な受賞歴：1993年アンドレア・パラディオ国際建築賞、2000年第7回ベネチア・ビエンナーレサードミレニアムコンペ金獅子賞、2003年芸術選奨文部科学大臣新人賞、2004年第9回ベネチア・ビエンナーレ金獅子特別賞、2012年日本建築家協会賞、2015年公共建築賞、2016年日本建築学会教育賞。

景観とのバランスを目指した津波避難タワーの提案

遠藤秀平　Shuhei Endo、
高麗憲志　Kenji Korai［神戸大学大学院工学研究科 技術職員］

　迫り来る津波から避難するため、そして日常にあって津波の脅威を潜在的に発信するための避難タワーである。これは、津波に対する備えと危機対策への具体的な対応であるが、調査でも明らかとなっているが沿岸部において近年多く設置され、その必要性と反するところで景観上の問題も顕在化しつつある。小さな地方集落において近未来に予測される津波の想定高さが大きい傾向にあり、結果として景観とのアンバランスがより引き起こされる。この相反する問題への提案として、1つは鉄骨構造とすることで躯体の大きさを目立たないように設定する事。もう1つは必要な避難スペースを日常には収納形式とすることで街並に対して突出しないボリュームでの設定をしている。この2つの可能性を具体的に検証し、沿岸部の小さな集落における、景観に突出する要素を最小限に押さえるデザインとして提案している。

津波避難タワーの背景と現状

　わが国において、南海トラフ大地震などにより発生する津波に対する早急な対策が必要となっており、特に太平洋側の沿岸部においては、東日本大震災以降、避難場所の確保が大きな課題となっている。各地方自治体では、ハザードマップを作成し、避難場所を周知するとともに、津波避難ビル等の整備[1),2),3)]を随時行っているが、その中でも急速に増加しているのが、津波避難タワー（以降タワー）である（写真1）。沿岸部の民家が集中する地域の場合、避難するための高台がなく、都市部のように高い建物もないため、津波到達時間以前に安全な場所に避難することが困難な地域がある。そのような地域住民のために建設されているのがタワーである。

　タワー数（表1）は、東日本大震災以前は40基程度だったが、2015年3月現在では174基と4倍以上となっている。静岡県が最も多く81基、高知県においては、45基であるが、2016年3月までに115基を目指すなど、各地域とも今後もさらに増加する予定である。[5)]

　このように急速にタワー建設が進むなかで、周辺のまち並みや景観への影響が懸念される。特にタワーはその機能、用途から必然的にボリュームの大きなものになり、周辺のまち並みに対して突出して存在するものである。東日本大震災以降、鉄骨造や鉄筋コンクリート造、ゴンドラを装備したものなど様々な可能性が模索され、建設されている中で、まち並みや景観に対する配慮についても今後検討が必要であろう。

1)「津波避難ビル等」に関する実態調査結果について、国土交通省、2011
2) 小川雅人・坪井塑太郎・畔柳昭雄：津波避難ビルの建築的特徴と地域的傾向に関する研究、日本建築学会計画系論文集、Vol.80 No.707、pp.221-230、2015
3) 津波避難ビル等に係るガイドライン、内閣府
4), 5) 津波避難タワー4倍増、朝日新聞、2015/3/6

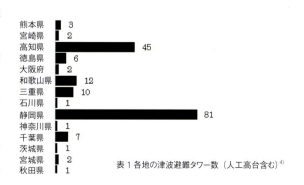

表1 各地の津波避難タワー数（人工高台含む）[4)]

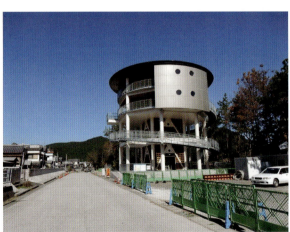

写真 1：景観と不連続な津波避難タワーの現状

津波避難タワーの形態の検討

景観との関係において形態に加える操作について、下記の6つのタイプ（表2）について検討した。既存の津波避難タワーがある場合に、その形状を踏襲しながら、新基準の想定津波避難高さを新たに設定したものがType0. 新基準適用案である。Type1. 増築案は上記の既存タワーを利用しながら新基準を適応させたものである。上階をセットバックさせながら、植栽を施している。Type2. 門型フレーム案は少しスパンの短い門型フレームを用いながら、上階をセットバックさせ、植栽を施した案である。

Type3. 軒先並列案は上階をセットバックさせながら周囲の民家の屋根と同じ勾配、方向に屋根を配置した案である。Type4. プランター積層案は植栽を施したプランター状のフロアを徐々にセットバックさせながら上に積み上げた案である。下から上まで全て植栽されている。Type5. トラス構造案はトラス構造により全体を細い部材で構成し、脚元をすっきりさせた案である。必然的に周辺の民家から突出した状態となるが、見えることを前提としながら、町並み、景色としてどう違和感を緩和するかについての可能性として提案を行った。

津波避難タワーの提案

上記のType2. 門型フレーム案、Type5. トラス構造案について具体的な提案を行う。上記の2案に追加するアイデアは可動式の床（以降、可動床）である。可動床は通常時は閉じており、非常時には手動若しくは発電機による電動で開き、拡張避難スペースとして機能するものである。これは、景観に配慮するために上階をセットバックさせることによって、避難階の面積が小さくなるジレンマを解決する提案である。また、色彩についても周辺環境とバランスがとれるように検討を行う。

表2：景観との関係における形態操作

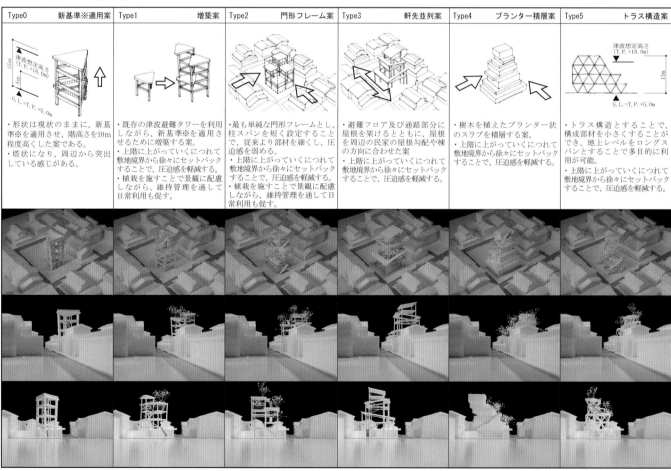

※新基準とは内閣府が平成24年3月及び8月に発表した津波高・浸水域に関する報告に基づく。ここでは津波高 T.P. +18.0mを指す。

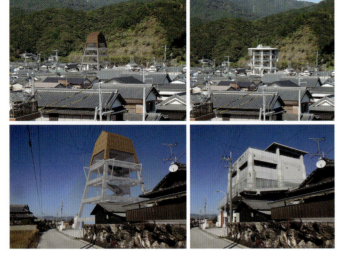

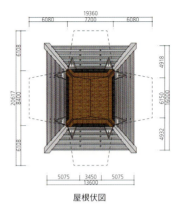 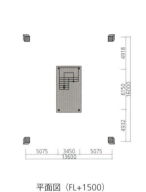

平面図（FL+23500）　　平面図（FL+26700）

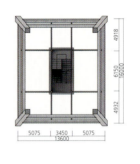

屋根伏図　　平面図（FL+1500）

平面図（FL+9000）　　平面図（FL+23500）

門型フレーム案

　上部に上がるにつれて、壁面をセットバックすることで、建物の圧迫感を軽減する。周辺の勾配屋根と同勾配、軒・棟の方向をそろえることで、周辺の屋根形状に配慮、木板張りとすることで、周辺景観に対して配慮する。それは地域の鐘楼のような存在として防災の象徴となる。

　メインフレームはRC造現場打ちとすることで、大型トラックの侵入の難しい地域でも施工可能となるとともに、階段は鉄骨造とすることで、工期短縮を図る。拡張床は鉄骨フレームの木板張りとし、周辺環境とのバランスをとる。コンクリートはグレーの着色とし景観とのアンバランスを軽減する。

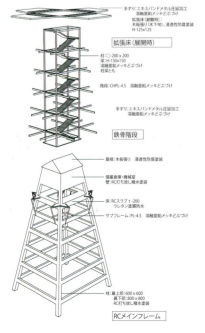

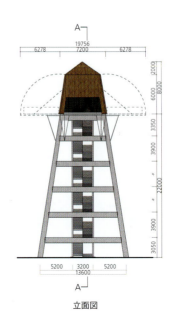

立面図

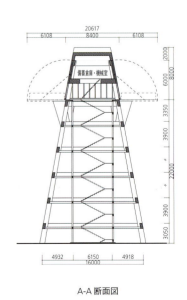

A-A 断面図

トラスフレーム案

長さ 4.3 m の鋼管によるトラス構造とすることで、現場への搬入を容易にし、施工性の良い計画とする。また、規格部材を使用することで、コストの低減を図る。仕上げは溶融亜鉛メッキどぶづけとし、塩害に対する耐候性を確保し、さらに溶融亜鉛メッキどぶづけ表面に ZP 処理（リン酸塩処理）を行いグレー色に仕上げる。

立体トラス構造による基本トラスユニットを層状に積み重ねることにより、地域に合わせて避難レベルを必要な高さに設定することが可能となる。また、全て鉄骨造とし、ユニット単位で搬入することで工期短縮が可能である。

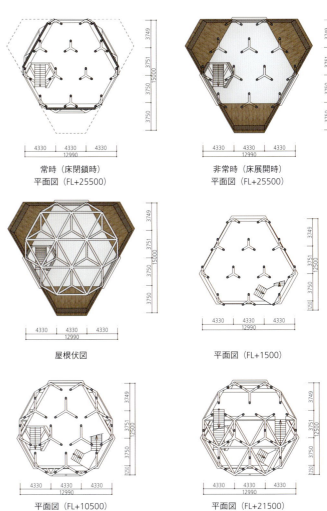

常時（床閉鎖時）平面図（FL+25500）／非常時（床展開時）平面図（FL+25500）／屋根伏図／平面図（FL+1500）／平面図（FL+10500）／平面図（FL+21500）

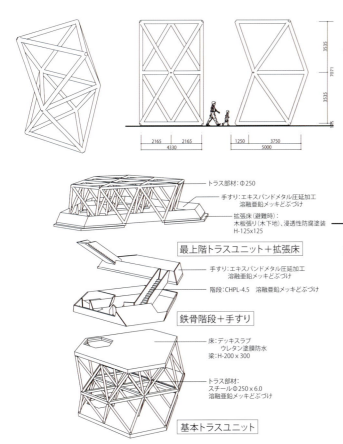

最上階トラスユニット＋拡張床／鉄骨階段＋手すり／基本トラスユニット

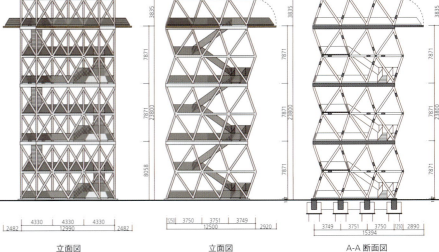

立面図／立面図／A-A 断面図

高麗憲志 [Kenji Korai]

[神戸大学大学院工学研究科 技術職員]
1979年兵庫県神戸市生まれ。一級建築士。神戸大学大学院修了後、2005年株式会社遠藤秀平建築研究所入社。主に「ひょうご環境体験館」、「出雲メディカルモール」、「福良港津波防災ステーション」、「淡路人形会館」などを担当。2012年より現職。

■リバブルシティの新しい条件
レジリエントな社会を導くデザイン手法

槻橋修　Osamu Tsukihashi ［神戸大学大学院工学研究科建築学専攻 准教授、建築家］
神戸大学大学院 槻橋研究室　Kobe University Tsukihashi Laboratory

リバブルシティ＝住みやすい都市とはどんな都市のことを言うのか

「住めば都」ということわざがある。どんなに田舎で不便なところであってもそこに住み慣れると都の様に住みやすいところになる、という意味で用いられる。平家物語の時代から都に住むことと山に住むこととは対比的に用いられていた。都は政治や経済、商業が集積しており、山（田舎）に比べて住むのに便利がいいという価値観は存在していたのである。一方でことわざが示す様に、田舎であろうとも慣れてしまえばその土地が離れがたい都の様に感じられるという価値観も同時にある。リバブルシティという概念の特徴は、「住みやすさ」というのが主観——大勢の人が住む都会において一人一人が感じる主観——に左右されるということだ。サステイナブルシティやスマートシティといった概念よりももっと評価項目が広範囲にわたり、曖昧な評価にならざるを得ない。評価基準として扱おうとしても客観的に一意に定められるものではない。一方で「世界で最も住みやすい都市（the most liveable city in the world）」という概念はイギリスの定期刊行物『エコノミスト』の調査部門であるEIU（Economist Intelligence Unit）やニューヨークの人材コンサルティング会社のMercer社、世界情勢とライフスタイルを扱う『Monocle』誌などがそれぞれ独自の評価基準によって発表し、毎年更新されるランキングは国際都市のイメージ戦略において重要度がますます増している。翻って、地方の中核都市や、さらには人口10万人を切る様な地方都市、すなわち現在地方創生の対象となっている様な都市における「住みやすさ」とは。そうした都市が目指していくべきリバブルシティの条件とはどの様なものだろうか。

＜プロジェクト・リバブルシティ＞

世界中に数多ある都市を一様な評価軸で比較することはできない。しかしどんな規模の都市でも、都市生活における生活の質（Quality of Life）は高い方が「住みやすい」。生活者が満足しているかどうか、あるいは機能的な不満があっても、その土地に愛着を持って住んでいる人々は多い。郷土愛、地元愛は、住みやすさに対して影響力の強い感情だ。そうした観点から近年私たちが都市と関わってきた4つの取組みを通して、リバブルシティの条件について考えたい。4つの取組みはリバブルシティに関して、それぞれ次のようなコンセプトをもたらしてくれた。**「場所の記憶／街は記憶でできている」「未分化のまちづくり」「フレンズという仕掛け」「つくりながら考える」**。4つのコンセプトは、互いにつながりあっている。それは、街に暮らす人々の存在と、彼らによってその場所への愛着が育まれるということである。そこから導かれるリバブルシティの一つの性格を「集落化」と位置付けて文末でまとめたい。

1.「失われた街」模型復元プロジェクト

2011年〜
「失われた街」模型復元プロジェクト実行委員会
監修　神戸大学大学院 槻橋研究室

上／南気仙沼地区を再現した白模型。下／現地ワークショップを経て思い出に彩られた模型

東日本大震災が発生した2011年3月より、震災によって失われた被災地の町並みを模型で復元することに取り組む"失われた街"模型復元プロジェクト"（全国複数の建築系研究室が参加）。建築を学ぶ学生たちの手によって制作された縮尺1/500で1m四方の真っ白な模型を現地に運び、住民とのワークショップによって、そこに暮らす人々がかつての街への愛着と地域のつながりを取り戻していく過程を記録していく「記憶の街ワークショップ」を開催してきた。住民の思い出と、住宅やその土地の自然の色彩が重ねられて制作された「模型」は、人々の「記憶の風化」を防ぐとともに、被災地の方々の"記憶の復興"の機会となっている。建築系大学研究室や学生団体による700人以上の模型制作ボランティアの協力を得て、2016年度までに岩手、宮城、福島の被災地域51地域、445ピクセルの模型を制作し、31回の現地ワークショップを行ってきた。

地域住民と学生たちが模型を囲んで、記憶の風景を共同制作する　©Jason Halayko

現地ワークショップの風景・田老　模型を囲んで語られる記憶を書き留める　©Jason Halayko

南三陸町志津川。水辺の風景など地図には表れない記憶の風景が再現される　©Takumi Ota

　白い模型を前にして、住民たちはかつての町並みを思い起こし、懐かしい思い出が宿った場所に「記憶の旗」を立てていく。1週間のワークショップ期間を経て、模型の上には多い時には数千本の旗が立てられ、模型を囲んで話し合うことによって、失われていた記憶を取り戻す人も多い。語られる思い出は、建物に限らず樹木や花、祭りの光景や季節の風景に至るまで多岐にわたり、街が常に人々の活動とともに移ろいゆく存在であることを実感させる。街はハードよりもむしろソフト、あるいは人々の記憶でできているといって過言ではない。街をリバブルなものにしているのは、行政や専門家よりもむしろ住民自身なのだと、あらためて気付かされる。

現地ワークショップの風景　2014年、石巻市　©Yosuke Otake

「場所の記憶／街は記憶でできている」

　まちづくり等に関わる専門家は主に、地域の市民の意見を聞き、それらを専門的な言葉に置き換えて住民の総意を形成し、住民によるそうした判断力の行使を支援する存在である。その意味で、大災害後の復興まちづくりにおける専門家の役割と責任は大変大きい。東日本大震災では被災地の多くが高齢化が進み、人口流出が激しい土地であったため、自然災害がなくとも地域の持続については多くの課題を抱えていた。したがってこの復興は、災害からの復興と高齢化・過疎化に瀕した地域の再生という二重の課題を抱えている。ましてや地域の自治会を解散せざるを得ないほど深刻な被害を受けた地域も多いなかで、同じ地域内ですら集まって話す機会を設けることが困難な状況が続いていた。

　各々の被災地には被災地の数だけ、コミュニティの歴史があり、土地固有の自然景観と社会経済が営まれ、それぞれの地域文化を醸成してきた。そしてそれぞれの被災地において、市民の数だけその土地への愛着の形があり、記憶の蓄積があった。住民参加のまちづくりというとき、こうした固有性こそが尊重されるべきであり、住民相互の合意形成によって復興がすすめられることが理想であることは言うまでもない。しかしながら、この理想に立ちはだかるのが被害の甚大さと広域性からくる被災地理解の難しさであった。甚大さは住民から自主的に集まる機会を奪い、広域性は住民のみならず、地域に協力する専門家や各自治体の行政官からも俯瞰的な視点を奪った。

　それでもなお、今回の復興を少しでもこうした理想形に近づけるためには、被災地相互の理解を阻んでいる時間的制約、距離的制約を軽減するような道具立てが必要になる。そこで私たちは、被災地の被災前の姿を同一スケール、同一規模で復元するジオラマ模型を制作し、活用することで、時間的・空間的制約を克服する一助となるのではないかと考えた。地域全員で同じテーブルを囲むよりは精度が落ちるとしても、同じ模型を囲んで語った記憶がその模型の中に残されていることで、地域の再生へ向けた多様な人々の思いを気配として感じることができる。ワークショップを終えて模型の上に数千本も立てられた記憶の旗の全てを読むことはできなくても、大勢の人々でこの街をつくってきたこと、各々の中にあるふるさとの記憶が、街のにぎわいのように模型上に美しい風景を顕在化させるのである。暮らしを営んできたその場所への愛着、郷愁、憧れが大きな模型上に彩りを与える。縮尺模型は街の代理表象に過ぎないが、その上に彩られた何千もの記憶は本物である。街は建物やインフラ、自然などのハードで構成されていたが、その街に生命を吹き込んでいたのは、そこに暮らした人々が受け継ぎ、積み重ねてきた生活の、美しい記憶であったのである。街は記憶でできているのだ。

　地域の人々にとって、学生達と共に自らの街の復元模型を＜色づけ＞していくプロセスは、必ずしもまちづくりのワークショップとして意識されるものではない。もっと気軽で身構える必要のないコミュニケーションによって、失ってしまった街を復元する作業に参加できる。住民参加による

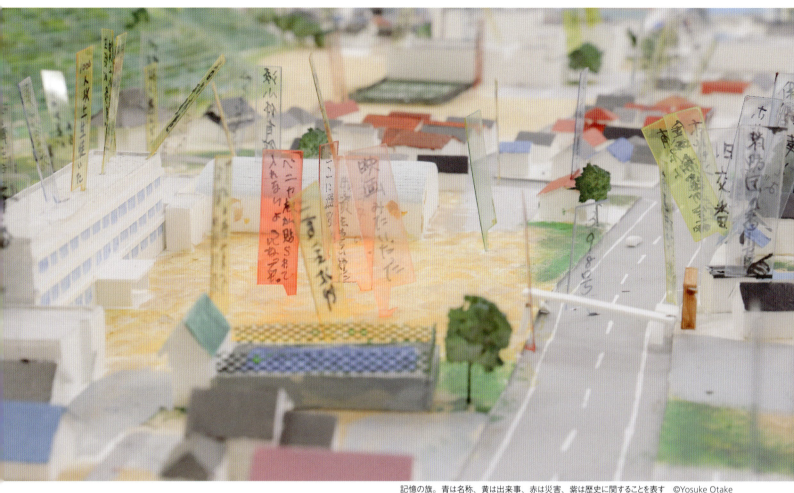

記憶の旗。青は名称、黄は出来事、赤は災害、紫は歴史に関することを表す ©Yosuke Otake

コミュニティ再生や住民主導による復興まちづくりといった大きな課題にいきなり直面するのではなく、街を再現するプロセスを共有することによって、これまで生活してきたのとは異なる視点を獲得し、新しく復興する街に対する望みもより具体的なものとして醸成されていく。時間のかかるプロセスではあるが、被災の状況や地域の現状を受け入れながら、新しくコミュニティを再生していく上で、復元模型は包括的なツールとして重要な役割を果たすだろう。

リバブルシティと場所の記憶

復元模型ワークショップを通して顕在化される「場所の記憶」はその土地が持つ集合的記憶を顕在化させる。その土地に住む人々の土地への愛着を、一人ずつ個別にというよりも集合的に見える化するのである。多くの人の心を打つ記憶の模型だが、それが美しいのはモノとしての静的な美しさではなく、模型上を覆う人々の無数の愛着が集合的につくり出す動的な美しさである。模型の上には、春の桜や夏の海岸のにぎわい、秋の祭りから冬の情景まで、シーズンに関わらず、全ての思い出が同時にプロットされる。その街の風物が全て一つの模型上にミニチュアの模型で追加されていく。その街に暮らしていた人々にとって、季節毎に毎年継起的に現れる情景がレイヤーの重ね合わせの様に表現されるのである。その街を知らない人にとっては模型を眺めただけでは想像もつかない移り変わりであるが、そこに長く暮らしてきた人々にとっては、その季節ごとの情景やその場の空気を季節ごとに、自然に、そして動的に読解することができる。復元模型にはこの土地の人にしか読み取れない見方が存在している、言い換えればその土地に暮らしてきた人々だけに備わる模型を読む力があるということだ。冒頭で言及したリバブルシティの条件、郷土愛、地元愛が、その土地の住みやすさに対して強い影響力を持つという点は、復元模型における住民の読解能力にあらわれている。リバブルシティの条件は外的な環境条件にのみあるのではなく、その土地を住みこなす人々の中にもあるということだ。したがって、リバブルシティをつくるには、あるいはその街のリバビリティを改善するには、環境条件に対する取り組みと、住む人々の側に対する取り組みがあるということである。場所の記憶を共有し、継承していくということは、住む人々の側の変化を引き起こすことによってその街で暮らしていく上でのリバビリティを向上させるということなのである。

こうした観点から取り組んできた3つのプロジェクトを次に紹介する。一つは私たちのような専門家だけでなく、学生が地域に入り、住民との間の媒介役となることによって、住民の中からまちづくりを行う人的環境を醸成する「**未分化のまちづくり**」。公園をつくるプロセスから市民を体験的に巻き込んでいく「**フレンズという仕掛け**」。そしてまちづくりのビジョン形成と「まずやってみる」という小さな実践を並行して取り組むことによって、市民の側からイノベイティブな変化を誘発していく「**つくりながら考える**」。いずれも**＜使う人＞を＜つくる人＞に変える方法**であり、住民の側に変化を引き起こすことによるリバブルシティのつくり方として位置付けたい。

2. 気仙沼みらい計画大沢チーム

横浜市立大学 鈴木伸治研究室／神戸大学大学院 槻橋研究室／
東北芸術工科大学 竹内昌義、渡部桂、西澤高男、学生有志他
武庫川女子大学学生有志

専門家が当事者＝住民になるか、住民が専門家となるか

　復興の現場における国・県・自治体による多岐にわたる事業は決して当事者である住民にとって分かりやすいものとは言えない。「集落住民みんなでまた一緒に暮らしていきたい」という大変シンプルな希望でさえ、実現しようとすると途端に制度や合意形成のための極めて複雑な手続きの壁が立ちはだかる。当事者でありながら素人である住民にはなかなか手の出せない世界に突入してしまう。そこで専門家の出番となり、合意形成を支援し、行政や各種制度との「橋渡し」を行うのだ。しかし、忘れてはならないのは、やはり当事者である住民が主体であり、将来にわたってその土地で暮らしを創出していくのは彼らであることを忘れてはならない。

「未分化のまちづくり」

　まちづくりの取り組みは極めて多様だが共通して求められるべき理想は極論すれば、専門家が当事者＝住民になるか、住民が専門家となるかである。まちづくりのプロセスを通じて、専門家と素人の境界が曖昧になり、地元と客人の境界が融合していく「未分化な地平」にこそ、「まちづくりの理想郷」がある。その意味で、まちづくりの現場に学生や大学のゼミが入っていくことには重要な意味と効果がある。学生たちはまさしく専門家と素人の中間的存在であり、彼ら自身が教育と研究の未分化な状態で地域に入り、迷いながら活動する。当事者としての感受性をもって、住民たちとの親和力が極めて高い。そしてまちづくりのプロセスに欠かせない「教育」の場を彼ら自身で構築するのである。

気仙沼みらい計画大沢チームとは

　気仙沼みらい計画大沢チーム（以下大沢チーム）は、4大学の研究室や有志から構成された宮城県気仙沼市唐桑町大沢地区の復興支援を行なうなかで生まれてきたつながりである。大沢地区は宮城県沿岸部最北端に位置する漁村集落で、今回の津波では避難所「老人憩いの家」が被災、約40名が犠牲になり、全186戸の約8割が全壊・半壊を伴う大きな被害を受けた。2011年8月に「記憶の街ワークショップ」を行ったことが契機となり、防災集団移転計画、コミュニティ支援、住宅再建支援など「皆で再び大沢に戻る」ことに関する全般的な復興まちづくり活動を継続している。2016年度には9割以上の住民が大沢地区に帰還を果たし、代々続く学生達と住民との絆も強まっている。

大沢みらい集会・大沢まちづくり会議

　大沢地区期成同盟会が主催する防災集団移転のための住民集会「大沢みらい集会」の開催支援を行なった。移転候補地の選定、造成計画の作成、宅地抽選方法の検討、街並みに関する合意形成、計画地内の公園や集会施設の計画などを行っている。2011年10月から計38回開催し、行政、コンサルと住民の間に、住民側のサポーターとして入ることにより、住民の意向を汲む形での高台移転が実現され、元の住民のほとんどが地域に残ることを選択した。また災害危険区域となる低地部の土地利用や防潮堤に関する合意形成など、被災を免れた住民をも含めた地域全体で、包括的なまちづくりを目指す「大沢まちづくり会議」が2012年8月から開始された。変化する地区のコミュニティをつなぎ直す場でもある。

大沢カエル教室

　大沢チームに参加した各大学の学生らが地域住民との絆を深める中で発案したプロジェクトが「大沢カエル教室」である。「大沢にカエル（帰る）・大沢をカエル（変える）」を合い言葉に「交流の習慣づくり、生活・文化・伝統の継承、新たな魅力の開発」を目的とした一連のワークショップの総称で、地域を訪れる学生達と子供達の交流を主軸として、年毎に加わる学生達の地域に親しむ研修と仮設期に住む場所が分断される子供達、世代間のコミュニティをつなぎとめる役割を果たした。2014年にはじまった活動は現在も続いており、2016年度までに28回を数える。

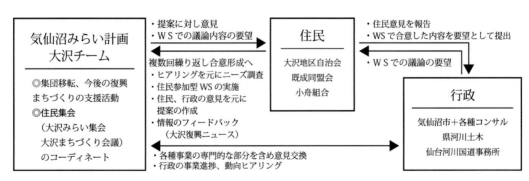

気仙沼みらい計画大沢チームの役割

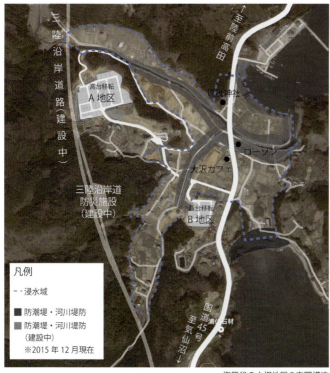

復興後の大沢地区の空間構造

記憶の街ワークショップ in 大沢（2011年8月） ©Sadao Hotta

大沢地区住民主催による「卒業式」 ©Kazuomi Ito

2011
- 3 ― 東日本大震災発生
- 6 ― 期成同盟会発足
- 8 ― 記憶の街ワークショップ
- 10 ― **第1回大沢みらい集会**
  気仙沼みらい計画大沢チーム始動

2012
- 4 ― **防災集団移転事業**
  大沢 A・B 地区 大臣認可
- 7 ― 第1回大沢まちづくり会議
- 10 ― 第1回苗木ワークショップ

2013
- 5 ― 大沢カフェ建設開始
- 8 ― **第1回住宅相談会開催**
- 11 ― **大沢復興ニュースが刊行、**
  全戸配布
- 12 ― **大沢カフェ**
  オープン
  ©Kazuomi Ito

2014
- 1 ― 町歩きワークショップ
  集会所候補地見学
- 4 ― **第1回まちなみ懇談会開催**
- 6 ― **大沢カエル教室 第1講**
- 7 ― 記憶の街ワークショップ
- 10 ― B地区造成完了

2015
- 3 ― **A地区造成完了**
- 8 ― 沢フェス'15（大沢カエル教室）開催

2016
- 6 ― **大沢復興事業**
  進捗報告
  第26回まちづくり会議
- 8 ― 沢フェス'16（大沢カエル教室）開催
- 12 ― 第28回大沢まちづくり会議

3. 氷見朝日山公園コミュニティデザイン

槻橋修＋神戸大学大学院 槻橋研究室／福岡孝則／松田法子＋京都府立大学松田研究室
ティーハウス建築設計事務所／Fd Landscape

「朝日山周辺 低地強調段彩図」
国土地理院基盤地図情報を元に作成（松田法子＋京谷友也, 2014）、デザイン：山崎一平（design301）
その四方を山と海に囲まれた豊かな自然環境の中にある氷見。またその街の歴史は古く、遡ると旧石器時代より途切れることなく人々の生活が営まれ、独自の文化とコミュニティが培われてきた。新しい朝日山公園は、その市街地中心に海へと突き出た「岬」の先端に位置しており、富山湾を背景に氷見の街全体を見渡すことができる

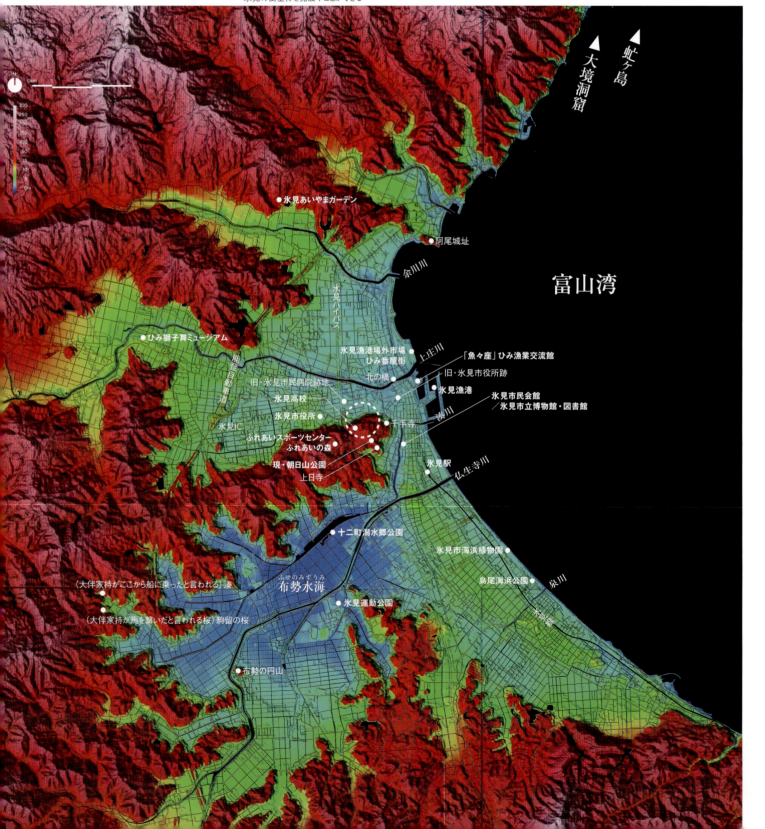

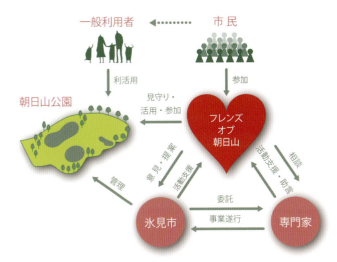

フレンズ・オブ・朝日山／Committee から Community へ
新しい朝日山公園の未来を検討する、市民に大きく開かれた活動母体。いわゆる「委員会」（Committee）形式ではなく、公園の直接的な利用者である「市民の輪」（Community）を広げ、専門家や行政と連携し、完成まで10年という長期スパンの中で、「使うこと、考えること、作ることが」が一体となった公園づくりを目指している。

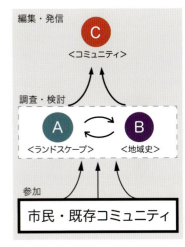

3つの朝日山公園ワークショップ
新しい朝日山公園を考える市民とのワークショップ（市民懇談会）は、＜ランドスケープ＞＜地域史＞＜コミュニティ＞の3つのテーマに分かれ、2014年度〜2016年度でこれまで22回開催されてきた。

＜ランドスケープ＞
未来の公園のレイアウトや、敷地内の各場所の具体的な利活用方法について、実際に敷地を使って、自分たちで様々なアクティビティを体感しながら考える。

＜地域史＞
朝日山周辺の街や港、各時代の遺跡巡るフィールドワーク、また氷見市史の読み解きといった活動など、歴史と文化の視点から、朝日山と氷見における公園のあり方を考える。

＜コミュニティ＞
＜ランドスケープ＞＜地域史＞WSで得られたアイデアや意見をもとに、敷地のレイアウトや施設のデザイン、あるいは公園の運営・管理について考える。

模型を使ったデザイン検討

朝日山と氷見の歴史を歩くWS

＜コスモスリング＞を皆でつくる

朝日山公園整備コミュニティデザイン

公園整備・運営方法を含む、新朝日山公園（仮称）の全体構想を市民との検討会を通じてまとめていく業務を対象とした氷見市を主宰とする公募型プロポーザルが2014年に開催された。本業務では、新しい公園の、氷見全体のグランドデザインの中での役割・位置づけを考えながら、「使うこと、考えること、つくること」をモットーに、2021年の全体オープンに向けて市民自らがその完成までのプロセスに携わるコミュニティデザインを行う。

「フレンズという仕掛け」

2014年より富山県氷見市で進めている朝日山公園コミュニティデザインは、公園づくりにおける市民参加のプロセスに「フレンズ」という仕掛けをつくり、ワークショップに参加する市民が継続的に公園デザインに参画し「自分達が創った公園」という体験を積み上げていくことが特徴で、都市公園における新しいストック活用の可能性を広げる取組みである。

新朝日山公園（仮称）は、氷見高校の北西側に隣接する約7haの場所に、社会資本総合整備計画として総事業費約13億円を掛けて新しく整備するもの。2013年度まで、約9億円をかけて四阿や駐車場、園路などを整備してきた。

「朝日山公園整備コミュニティデザイン業務」では、地域の活性化と街の魅力づくりの中心として新朝日山公園（仮称）を位置付け、日常生活の公園に対するニーズにマッチした個性的な公園空間を創出するため、住民みずからが自分対のやりたい企画やイベントを公園で実施し、それに興味を持った住民が参加し、持続的に楽しめる公園にするためにコミュニティデザインを行う。2014年度はワークショップを9回実施、基本構想を取りまとめた。2015年度は、この基本構想方針案をもとに、3つに分けたエリアの使い方や、公園の運営について検討するともに、将来の拠点となる整備について、市民とともにつくっていく。

整備中の公園現地でのランドスケープWSや朝日山公園を氷見全体の地域史の中で位置付けていく地域史WSなど、そして「フレンズ」でのつくるプロセスを推進していくコミュニティWSなど、趣向を凝らしたワークショップをデザインしながらこれからの市民活動の場にふさわしい公園の姿を紡ぎ出し、計画づくりを行っている。参加した市民は様々な意見を交わしながら、その場を共有し、公園づくりについて、地域の歴史について学び合うことによって同志としての友情を育んでいく「道場」のような機会となっている。

「ヒルサイド」「ロングアリーナ」「ナチュラルアリーナ」
面積7ha、高低差は約20mという、広くそして起伏に富んだ敷地の多様で活発な利活用を目指し、公園を大きく「ヒルサイド」「ロングアリーナ」「ナチュラルアリーナ」の3つのエリアごとに捉え、ゾーンの役割や特徴、そして整備イメージをそれぞれで検討している。2021年予定の公園完成まで各エリアは段階的にオープンされていく予定である。

拠点施設・外観イメージ

拠点施設・内観イメージ

2016年春、屋外トイレ竣工式。屋上が展望テラス

「小さな成功」を共有して物語を作る

　地域空間におけるコミュニティとは、その土地に暮らす人々から構成される。その意味では公園には本来的な意味でその場所に根ざしたコミュニティは存在しない。歴史ある街中では避けて通れない既存コミュニティの影響がない公園の計画において、住んでいる場所も世代も多様な参加者によってフレンズというコミュニティがつくられ、公園づくりのプロセスを共有することで、公園が完成する前からこの場所への愛着が育まれ、市民参加の小さな成功体験を重ねていくことができる。

　公園現地でのWSを天候に悩まされずに実行するために、整備の第一段階として拠点施設（クラブハウス）の計画が進められた。その冒頭に開催したランドスケープWSにおいて取り組んだコスモスリング・プロジェクト。計画地の建物の大きさ、位置をフレンズに参加する市民に具体的に体験してもらう意味に加えて、公園の環境をただ享受するだけではなく共に育んでいくイメージを抱いてもらうために、拠点施設建設地を含む直径20mのリング状の畑を作り、春に参加者全員で種まきを行い、秋にコスモスの花でリングを作るという企画である。種まきに参加したメンバーでリングを囲み、手を繋いで記念写真を撮る。このこと自体もコミュニティづくりに欠かせない「小さな成功体験」である。委員会で専門家や学識者のみで進められていく事業に比べて、時間と手間はかかるが、結果的には市民が「自分たちの場所」として大切に思える街を作っていくために有効な方法ではないかと考えている。元来、街に完成はなく、常に作り続け、使われ続けていくものであり、記憶を重ねていく時間こそが地域を育てていくのだから。

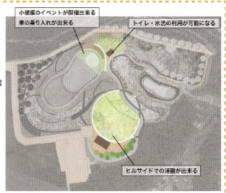

　本稿を書いている時点で間も無く拠点施設が完成し、利用機会が大きく増えることになるが、当初定めた計画の第1フェーズが完了することになる。これから第2フェーズに入っていくにあたり、利用者の増大、利用形態の多様化に対応して、コミュニティデザインも次のフェーズへの対応が必要になってくる。第2フェーズにおいて重点的に取り組む課題は、主要な活動空間としてのロングアリーナの整備と、拠点施設を核とした公園の管理運営、フレンズの役割、新しいフレンズ乃至ステークホルダーの発掘と醸成である。公園が人々の出会いの場であることを、利用者目線でなく計画者目線で活用していくことが、市民による市民のための公園を作っていく上で重要だ。リバブルシティをつくるという観点でいえば、公園をはじめとする公共空間におけるコミュニティデザインは、市民にとってもコミュニティデザインの練習場として機能するのである。

アート制作WS

県立氷見高校での説明会兼地域学習

近隣スーパーでの情報発信

4. SANNOMIYA 2016プロジェクト ～つくりながら考える～

槻橋修／萬田隆／島田陽／畑友洋／神戸大学大学院 槻橋研究室（LAB@KOBE）

「つくりながら考える」

　阪神淡路大震災から22年を経て、2016年70周年を迎えた神戸三宮センター街を神戸らしい都心のストリートとして次世代に向けて創造的に継承していくため、2012年より5ヵ年計「SANNOMIYA 2016」に取り組んできたまちづくりプロジェクト。三宮センター街1丁目商店街振興組合と神戸で活動する建築家有志（槻橋修・萬田隆・島田陽・畑友洋）によるグループLAB@KOBE、神戸大学槻橋研究室を中心に地域の学生などと協力しながら三ノ宮センター街の参加型まちづくり活動を行ってきた。阪神淡路大震災の復興基金を活用して設置された情報スクリーン「三宮BOS」のリニューアルプロジェクト（シェードのデザイン）を皮切りとして、将来ビジョンの策定、コンセプトメイキングから始まった活動は、3年目の2014年から社会実験フェーズに入り「つくりながら考える」を合言葉に、街の事業者自身が参画できる創造的な取り組みとして「屋台プロジェクト」をはじめとする空間再生に取り組んだ。2016年、兵庫県第17回人間サイズのまちづくり賞【まちづくり活動部門奨励賞】を受賞。

「屋台プロジェクト」と情報スクリーン「三宮BOS」　©Yosuke Otake

屋台プロジェクト

　「屋台プロジェクト」は歩行者流動の激しい三宮センター街のアーケード空間のさらなる価値創造を目指し、その端緒として来街者に憩いのスペースと街の情報を提供するための路上ベンチスペースを設置する実験的プロジェクト。仮設的にベンチを設置することで人が滞在する風景を生み出すところから始まった。このスペースを手掛かりとして、通りの中央部分を活用した実験店舗営業や、店舗閉店後のアーケード空間を活用した飲食イベント「三宮ヨルバル」などが生まれた。「三宮ヨルバル」は、センター街にとどまらない、都心部で事業を行う若い世代や地域の飲食店が参画する大きなイベントに成長し、民間主導でありながら都心部に新しい回遊性を生み出している。

LAB@KOBE

　神戸を拠点として活動する4人の建築家、槻橋修、萬田隆、島田陽、畑友洋と神戸大学槻橋研究室を中心に、デザイナーや地域の学生などと協力しながら神戸の街のあり方を実践的に提案していく有志のプラットフォーム。事務局を株式会社ティーハウス建築設計事務所が務める。

左から／情報スクリーン「三宮BOS」（2013年完成）　©Yasunori Shimomura。「屋台プロジェクト」ベンチ（2014年社会実験）　©Yosuke Otake　制作協力：神戸芸術工科大学学生有志。派生イベント「三宮ヨルバル」　2015年より地域若手事業者有志が主催

リバブルシティ：集落化する世界を構想する

　20年近く前、サハラ砂漠の南、カメルーンの北部山中の多民族地帯に分布するコンパウンド（拡大住居）の調査に参加し、美しい集落を探してランドクルーザーを走らせた。季節は夏、乾季の終わり頃で、集落の若い青年が器用な手つきで集落独自の紋様のある藁葺きの屋根を修繕する光景が見られた。土で固められた円形の住棟やトルソーのような優美な膨らみをもつ穀倉のなめらかな壁面と、藁縄を口にくわえて手早く編み込む青年のチョコレート色に光る肌が、見事な調和をもって目に焼きついた。しかしそこはまさしく灼熱の世界。真昼には摂氏45度にも到達しそうなサバンナの世界で、人間も動物も木陰に避難し休息を取る。集落に入り人影を探すには、過ごしやすくなる夕暮れを待たなければならない。私たちも木陰に陣を張り、朝に街で仕入れた薄いパンとチーズをぬるいコーラで流し込む他ない。生きもの達の様々な物音や鳴き声で賑やかなジャングルとは対照的な、乾いた世界の静寂なひとときは、人類が抽象的で透明な思考を獲得するのに有効だったのかもしれないと、余計なことを考えられる贅沢な時間であった。

　近代の工業技術によってつくられた住まいとは全く異なる世界各地の土着の建築たちは、その土地の土や空気と地続きにつくられ、その土地に住まう人々の自然への畏れ、共同体の喜びや哀しみを体現しつつ、季節の移り変わりに適応している。その土地その土地の環境条件や社会形態にフィットするようにつくられた究極のオーダーメイドの住まいである。

　これから私たちの世界に起こりうる環境の変化、社会の変化、そして突然訪れる災害に私たちはどのような住まい、どのような街をつくっていけばよいのだろうか。近代建築が私たちの都市生活を劇的に変容させて100年。人類の技術は地球上のあらゆる部分を居住可能な土地に変える大きな力を持つようになった。しかしその大きな力を行使する陰で、森を費やし、海を汚し、私たちには扱いきれるかどうかも定かでない「究極の火」を燃やすまでに至っている。大きな力は経済という大きな流れに引き寄せられ、数多くの、いや無数の小さな経済、地球上のそこかしこにひっそりと息づく小さな営みを飲み込んでいく。その小さな営みよりもさらに小さく、壊れやすい私たち一人ひとりの心や身体は、大きな力と大きな流れから無視され、追い立てられて、生き残りをかけて踊らされている。上手く踊れるものは生き残り、踊りが不得手なものは生きづらい環境で呼吸困難に陥ってしまう。かつて自然への畏怖とともに暮らしてきた私たち人間は、いつしか私たちが自ら創り出した大きな力と大きな流れに対する恐怖、人間社会への恐怖のもとで苦しみ、自然への畏怖を迂闊にも忘れてしまうほど、その恐怖に喘いでいる。

カメルーンのコンパウンド（拡大住居）©Osamu Tsukihashi

　リバブルシティをつくるために必要なのは、私たち自身に変化をもたらす取り組みである。自己矛盾の牢獄から自由になるために、私たちは私たちの身体を取り戻さなければならない。私たちの集落を、私たちの場所として取り戻さなければならない。集落を介して自然との関係を修復しなければならない。世界の全ての街がリバブルシティになればいい。そのために専門家に求められるのは、全ての人がまちづくりを楽しみ、友情で結ばれるコミュニティを創造し、行動しながら考えていくコミットメントを生活者のスキルとして定着させていく、そんな社会になるためのイノベーションである。世界が無数の集落へと変容する未来を構想せよ。

槻橋 修 [Osamu Tsukihashi]

[神戸大学大学院工学研究科建築学専攻 准教授、建築家]
富山県高岡市生まれ。神戸大学大学院工学研究科建築学専攻 准教授。ティーハウス建築設計事務所デザインディレクター。建築家として数多くの店舗や住宅の設計を手がけ、コミュニティデザイン、メディア制作も行う。2011年に発生した東日本大震災以降は、甚大な被害を受けたまちに対して、建築の視点からできることを模索しながら支援活動を継続している。『「失われた街」模型復元プロジェクト』には、全国各地から多数の建築家や学生ボランティアが参加した。2009年日本建築学会教育賞（教育貢献）共同受賞。2014年東日本大震災復興支援「失われた街」模型復元プロジェクトが第40回放送文化基金賞受賞（NHK盛岡放送局と共同受賞）。2015年日本建築学会賞（業績）共同受賞。

■持続的雨水管理を核にしたグリーンインフラ

福岡孝則　Takanori Fukuoka

リバブルシティとグリーンインフラ

リバブルシティをつくるための指標の中でも特に、都市の中の自然やみどりは基盤として大きな役割を担っている。「生活の中で自然を感じることができる」、「子供が思い切り遊べる公園がある」、「緑陰のある歩きやすい歩行者空間がある」など日常的な生活に深く結びついたパブリックスペースの基本的な機能に加えて、近年は生物多様性の向上・防災減災・健康増進などより多機能、多便益型のみどりが求められており、リバブルシティをつくる上での「グリーンインフラ」の果たす役割に注目が集まっている。

成長著しいアジアの新興国では、新しい都市の構想において水循環への配慮や緑地のネットワークはサステイナブルな都市の骨格をつくるものだが、縮退時代の日本では既存の社会・環境資源を創造的に活用した都市の再生が求められている。人口の大半が都市に居住し都市部への人口の流入がさらに進む傾向にある日本において、コンパクトな都市居住の中におけるリバビリティ（住みやすさ）のために、身近な自然環境やパブリックスペースが今後ますます求められるであろう。加えて、既存の都市基盤の上にそれらをどのように創成するかが問われている。本論では、このような人工的な都市環境において敷地から都市スケールに至るまでのグリーンインフラ展開の可能性について、その考え方とアプローチをまとめる。

グリーンインフラとは何か？

グリーンインフラとは Green Infrastructure（グリーンインフラストラクチュア）の訳語で欧米発の概念であり、ランドスケープ、都市計画、環境保全、生態学、防災・減災など多領域の専門を包括する新しい言葉だが、日本でも人口減時代の国土管理や、グリーンインフラによる新しい社会資本整備手法などの議論が注目を集めている。ここで簡単にグリーンインフラの概念整理を行うと、欧州委員会（European Commission）でグリーンインフラは「多様な生態系サービスを享受するため、デザイン・管理されている自然環境・半自然環境エリア及びその他の環境要素をつなぐ戦略的に考えられたネットワークを指す。」と定義されている。[1] グリーンインフラに期待される要素としては、「生活の質を高める」、「生物多様性の向上」、「気候変動に伴う自然災害の軽減」等が掲げられており、そこから得られる便益としては環境的な便益（水質の保全、大気汚染の改善、水資源の涵養、土壌の質の改善）、社会的な便益（心身の健康、地域経済の多様化、魅力的な都市の創成、不動産価値の向上、観光・レクリエーション機会の創出）、気候変動適用策としての便益（洪水被害の軽減、ヒートアイランド現象の緩和、減災）、生物多様性の便益（生態的なネットワークの構築）が挙げられ、広域にわたる自然地を対象にした多機能型、多便益型の仕組みがグリーンインフラと定義されている。

一方で、米国において連邦環境保護庁（Environmental Protection Agency, EPA）は排水・治水等の単一機能のみを有する構造物を主体としたグレーインフラの代替として、「緑地や土壌の持つ雨水の浸透・貯留機能や植物の蒸発散機能など自然の水循環プロセスを用いて水管理を行い、より健全な都市環境を創成する。近隣や敷地といった空間では水を浸透・貯留することにより自然を模倣した持続的雨水管理システムも対象となり、都市や州規模では、生物生息地の確保や洪水防止、大気や水質の浄化も可能な自然エリアの集合を指す」とグリーンインフラを定義づけている。[1] 特に米国内では合流式下水道が多く、頻発する氾濫などによる水災害等に対して、持続的な雨水管理とみどりの空間機能をかけあわせることでより多機能化を図っているのが特徴である。米国型のグリーンインフラの便益としては、雨水流出量の抑制や雨水流出速度の遅延、生物多様性の向上、アメニティの向上、微気象の緩和、健康・レクリエーション活動の増進まで欧州型のグリーンインフラと同じく多便益を特徴としている。

グリーンインフラの定義や国際的な動向を踏まえて、日本では一体どのような展開が可能なのだろうか？　日本の都市部では今後人口が増え、気候変動に伴うゲリラ豪雨なども頻発など災害に対する脆弱性が指摘される一方で、住みやすい都市を感じることができるようなパブリックスペー

写真1：公園内に設置された雨池

写真2：歩行者空間に隣接する緑溝

写真3：緑の駐車場

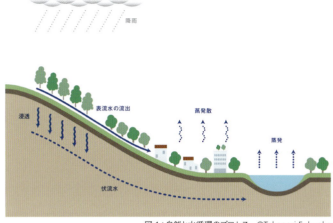

図1：自然と水循環のプロセス　©Takanori Fukuoka

図2：持続的雨水管理を核にしたグリーンインフラ適用策の概念図　©Takanori Fukuoka

スやみどりがますます求められている。[2)] このような社会的課題を解決する一つの答えがグリーンインフラだと期待されている。著者が考えるグリーンインフラの定義とは、「自然の水循環のプロセスを模倣した持続的雨水管理を都市緑化（建築）、都市緑地、道路、歩行者空間、河川等の都市内の多様な形態をもつ屋外空間とかけあわせることで、多機能、多便益を引き出す考え方」を指す。特に、人工的な都市環境を対象としグリーンインフラのもつ持続的雨水管理の機能や仕組みを活かすと同時に、空間像を伴いながらリバブルシティの創成につとめることを目指すものである。

グリーンインフラを構成する要素技術

次に、グリーンインフラの要素技術に関する概要を示す。持続的雨水管理とみどりの仕組みを掛け合わせる様々な要素技術が目的とするのは、「浸透や貯留、蒸発散など自然の水循環のプロセス（図1）を模倣する雨水管理のシステム」であり、同時にそこから雨水の流出量削減や流出速度の緩和、微気象の緩和、生物多様性の向上、景観の向上など多くの環境・社会的的便益を引き出すことを目指している。下記の10の要素技術について概要を整理する。①雨樋非接続：屋根からの雨水を下水道へ接続せず、雨水タンクや貯留槽、もしくは地中浸透可能なエリアなどに流す方法。建築敷地が狭小な場合は適さない。②雨水利用：雨水利用の仕組みは、屋内・屋外・地下などに雨水を集めて、植物の灌水、建物内部の雑用水や緊急時の水資源などに利活用するために貯留し、雨水流出量の削減や流出速度の遅延などの便益をもつ。③雨庭：屋根面、歩道等からの表面流出

写真4：雨水の一時的貯留機能をもつ屋上緑化

水を集めて、植栽の施された窪地に流し地中に浸透・水質浄化を図り、また在来種や耐水性の高い植栽により蒸発散を促進させるなど自然の水循環を模した仕組み。住宅の庭から工場まで様々なスケールで展開される（写真1）。④雨水プランター：歩道や駐車場からの表面流出水を集めて、雨水プランターに流入させ一時的に雨水を貯留・浸透させる都市型の雨庭。市街地の土地が限定的な場所での適用や、道路・歩行者空間の整備と一体的に適用する。⑤緑溝：人工的に作り出した窪地に雨水を流しながら一時的な貯留と浸透を行う植栽帯を指す。駐車場や歩行者空間等に適した手法である。この緑溝を通じて地表面を流出する雨水の運搬機能も果たす（写真2）。⑥透水性舗装：雨水を敷地で浸透・貯留または処理できる舗装のことを指す。地表面は透水性コンクリート、透水性アスファルトやインターロッキングなど多岐にわたる。⑦グリーンストリート：雨水の一時貯留・浸透・植物による蒸発散などの要素技術を歩行者空間のデザインに統合し、道路と歩行者空間を中心に多様な形態で展開される。⑧緑の駐車場：多くのグリーンインフラ要素技術は駐車場のデザインに適用可能である。透水性舗装は駐車部分に、雨庭や緑溝は植栽帯部分に使用することで雨水の一時的貯留や浸透などに加えて、駐車上の植栽帯を活用して樹木を植栽することにより、緑陰の創出や蒸発散による微気象の緩和などの便益を引き出す（写真3）。⑨屋上緑化：建物の屋上に植栽基盤を設置して、雨水の一時貯留や植物による蒸発散を行う手法。便益としては、微気象緩和効果や生物多様性の向上、建物のエネルギー管理コストの削減などである。建物の密集する市街地や建物におけるグリーンインフラ要素技術としては有効な手法の一つである（写真4）。⑩街路樹：街路樹は雨水の流出量の削減や流出速度の緩和に寄与し、蒸発散や樹冠の投影による日陰が気温低減効果を生む。

以上のように、グリーンインフラの要素技術を整理すると（図2）のようになる。基本的な便益は、浸透・貯留・蒸発散・流出量及び速度の緩和、生物多様性の向上、微気象の緩和などが挙げられる。以上のような環境的な便益に加えて、社会・経済・健康などの便益を引き出すことが可能となる。都市内のグリーンインフラ対象空間像により、適用される要素技術の組み合わせも異なる。次に対象空間像について説明する。

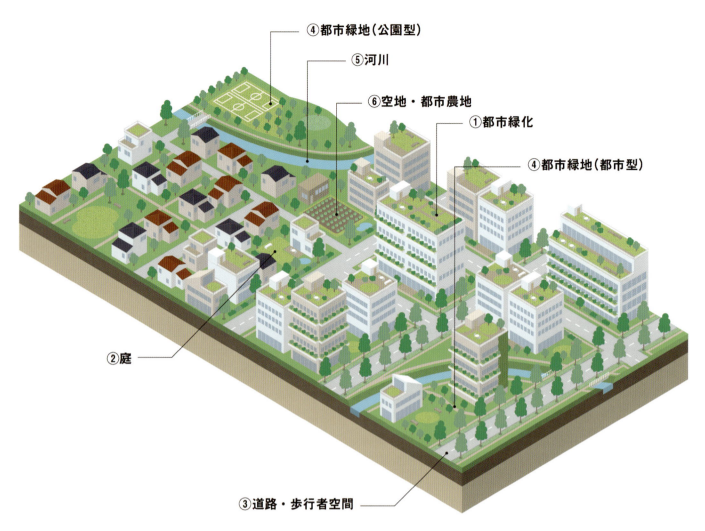

図3：都市におけるグリーンインフラの対象域　©Takanori Fukuoka

グリーンインフラの対象とする空間像

都市におけるグリーンインフラの対象空間像について説明していく。グリーンインフラ適用策が展開される対象空間は①都市緑化②雨庭③道路・歩行者空間④都市緑地（公園型・都市型）⑤河川⑥空地・都市農地の6種類に分類でき、全体像は（図3）に示す通りである。持続的雨水管理を核にしたグリーンインフラがどのような対象空間で適用されているか大きな特徴を以下の通り整理した。

①都市緑化

都市内の駐車場、建物の屋上や壁面を活用して、微気象の緩和や一時的な雨水貯留・浸透による都市型集中豪雨被害の低減、生物の生息の場の創出、景観の向上などに寄与できる。建築や都市デザインと一体的に取り組む必要がある。

②庭

最もスケールの小さい庭においても、雨水の一時的に貯留・浸透や水質浄化、生物の生息の場の創出、景観の向上や都市生活の質の向上まで、グリーンインフラとしての機能を期待することができる。

③道路・歩行者空間

道路空間においては、大気浄化、騒音抑制や、微気象緩和、景観向上、生活環境保全などの基本的な機能に加えて、今後は河川や都市緑地など道路周辺空間との一体的価値創造や、柔軟な発想で地域経営的な視点で運営・活用することも期待される。また、都市内の緑道は人間や生き物中心の多機能型交通網であり、自転車道、生態的な回廊、健康増進、レクリエーション機能から地域活性化機能までが期待されている。今後は歩道や自転車道、新しい交通網の整備などと一体的に展開することも可能である。

④都市緑地（公園型・都市型）

都市内の公園緑地や広場では、本来求められているオープンスペースとしての機能に加えて今後は自然が持つ多様な機能を活かして、整備・管理することが求められる。公園緑地などの公園型、そして都市内で建築等と一体的に計画される公開空地や広場などは都市型とする。都市緑地は気候変動適用策としての減災・防災機能、微気象の緩和、持続的な雨水管理、生物多様性の向上など多くの機能を担う（図4,5）。

⑤河川

都市を流れる河川は地域を超えて水や緑の基盤として機能する。生物多様性の向上、水質の改善、湧水の涵養、減災など基本的な機能に加えて、官学民の連携で流域における協働体制や参加の仕組みもまた、グリーンインフラを啓蒙・推進する上で必要不可欠なものである。

⑥空地・都市農地

縮退時代において今後多く派生すると想定される空地はグリーンインフラ整備のチャンスである。食料生産、コミュニティの形成、減災などの

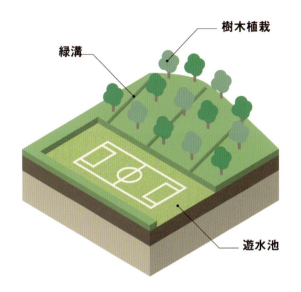
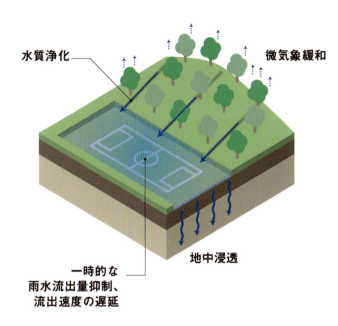

図4：都市緑地（公園型）。日常時と降雨後（非常時）の空間の変化　©Takanori Fukuoka

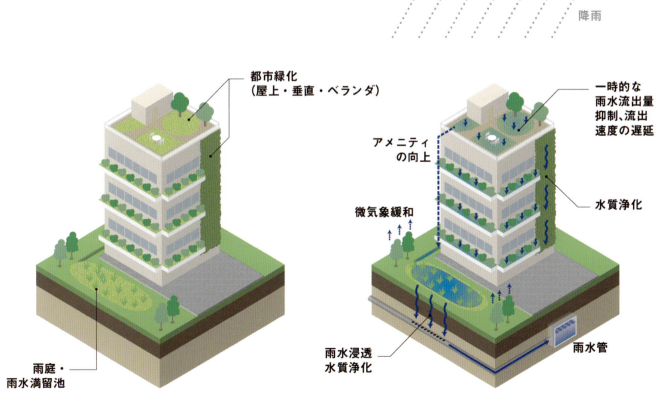

図5：都市緑地（都市型）。日常時と降雨後（非常時）の空間の変化　©Takanori Fukuoka

写真5：コペンハーゲン市内のグリーンストリート　©Naoya Nakajima

機能に加えて、暫定的な利活用や実験的な取り組みなども展開しつつ、新しいオープンスペースを構想することは今後ますます重要になる。また、都市における農地の役割は食料生産の場から、減災、微気象の緩和、環境教育、資源循環、そしてコミュニティ形成の場として社会的な役割も期待される。都市内の農地のストックを活かして多様な機能を発揮させることにより、持続的なまちづくりへも寄与できる。

以上のような空間を対象としたグリーンインフラがどのように敷地〜都市スケールで展開可能なのかを、具体的な空間事例を通じて概要をまとめる。

敷地スケールから都市スケールのグリーンインフラの展開

敷地スケールでは、シンプルな雨庭から複数のグリーンインフラ要素技術を組み合わせたプロジェクトまで多くのバリエーションが存在する。例えば、ドイツ・ニュルンベルグのプリズマという複合開発では、グリーンインフラとしては2つの機能をもつ。第1に、敷地に降雨した雨はアトリウムのガラス屋根で集水され、各階のバルコニーにおける植栽基盤の灌水後やアトリウム内の植栽の灌水、水景施設へと活用され、地下の雨水貯留タンクに貯留・活用するほか、植栽を通じた水質浄化もはかっている。第2に、水循環を活用した温熱環境システムを実現している。敷地に降雨した雨はアトリウムのガラス屋根を通じて集水され、屋外の雨池に一旦貯留されたあと、外部環境の接合部分に設置された5つの滝を通して雨水を流し、アトリウム内の温熱環境調節を行っている。例えば、夏は屋外から室内へ入り込む空気を冷やし、水の蒸発散を通じて空気中の水分量を上げ、微細な空気の流れをつくるなど快適な室内環境の形成に貢献する。このように、プリズマでは屋上緑化、雨水利用、雨庭などのグリーンインフラ技術を適用し、便益としては雨水浸透（地下水涵養）、雨水流出量抑制・速度遅延、水質浄化、微気象緩和、滝による温熱環境調節、アメニティの創出などがあげられる。空間の特徴としては、グリーンインフラが建築空間と屋外・半屋外空間において一体的に適用され、滝や水景施設など雨水を活用した要素と屋上・室内や庭の緑化の要素を活かしている点である。

また米国ポートランド市で1,300箇所整備されたグリーンストリートも特色のある取り組みである。グリーンストリートとは、都市戦略としてLRT（次世代型路面電車システム）など公共交通の整備や歩きやすいまちづくりを推進する中で、道路局や下水道局が主体となって道路空間・歩行者空間・自転者道などを再整備する流れの中で推進された浸透性街路空間を指す。グリーンストリートの機能は、雨水流出量の抑制、雨水流出速度の遅延、水質の向上を目指すもので、道路空間及び歩行者空間から流入する雨水をグリーンストリート内の地面で一時的に貯留、浸透、植物と土による浄化というプロセスを経てから下水に戻し、下流に流すという考え方をもつ仕組みである。SW12th Avenueのように、既存の道路空間の再配分（縦列駐車スペースを雨水プランターに再整備）することで、グリーンストリート化するような既存インフラのリノベーションが多く展開されており、整備することにより一時的雨水貯留・流出量の抑制・流出速度の遅延、植物の蒸発散による微気象の緩和などの多便益を達成している。グリーンストリートには多様な形があり、道路脇の植栽帯を拡張するものや、縁石を切って植栽帯への雨水の流入を図るものなどがある（写真5）。

街区スケールでは、ドイツ・シュトゥットガルトのシャーンハウザー街区

写真6：シャーンハウザー街区内の公園は非常時に溜水池として機能
©Ramboll Studio Dreiseitl

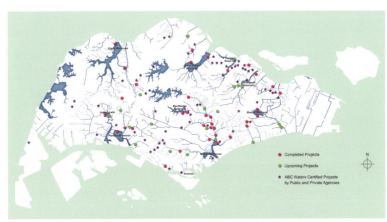
図6：ABC水のデザインガイドラインはパイロットプロジェクトと連動した実践型のものである
©PUB, Singapore's National Water Agency

写真7：コペンハーゲン市内でおきた豪雨による水災害
©Ramboll, Ramboll Studio Dreiseitl

のように広大な街区全体を使ってグリーンインフラ適用策を積極的に導入した事例がみられる。[4] ここでは、雨水管理と公園・オープンスペースを連動させて整備することで地域の生態系とネットワーク化すると同時に、洪水による水害を防ぐために、街区内でできるだけ雨水の地中浸透や植物による蒸発散等を促進することにより、敷地からの雨水流出量抑制及び雨水流出速度の遅延を目標に掲げ、下水・雨水道整備など初期のインフラ設備投資の削減を達成している。街区内の住宅の屋上緑化、庭、歩行者空間、公園緑地など全ての屋外空間が計画的にネットワーク化され、街区内に降った雨水はグリーンインフラ要素技術をもつ屋外空間（緑化屋根、雨水貯留植栽升、緑溝、透水性舗装、雨水貯留タンク、雨庭、遊水池、湿地、雨水階段、緑の駐車場、開渠式雨水溝）を活用した持続的雨水管理が展開されており、最終的には地域の河川に流出する（写真6）。街区内のグリーンインフラ適用策による便益としては、雨水流出量抑制・速度遅延、水災害の減災、雨水浸透（地下水涵養）、微気象緩和、生物多様性の向上、アメニティの向上、レクリエーション・健康増進があげられる。

都市スケールでは、このような個別のグリーンインフラ適用策の展開をさらに推進するために、戦略的な取り組みが必要になる。特に、マスタープランなどのトップダウン型ではなく個別のプロジェクトの自立的な展開を誘発するようなデザインガイドライン[5] という仕組みにはグリーンインフラを都市スケールで展開するためのヒントが隠されている。例えば、シンガポールのABC水のデザインガイドライン（ABC Water Design Guidelines）は多領域・多世代に持続的雨水管理を核とした都市戦略を啓蒙・推進するためのコミュニケーション手段としてPUB（公益事業庁）から2009年に発表され、改良を重ねた第3版が2014年に刊行された。ABC水のデザインガイドラインにおいては、グリーンインフラの基本となる目標や考え方に加えて、具体的な土地利用別の計画設計手法の概要が示されている。[6] そこで適用されるべきグリーンインフラ要素技術が空間像を伴って説明されているため、読者にとっても具体的な目標に向かってどのようなアプローチをするべきかが明確になり、グリーンインフラ適用策の推進媒体として機能している。また、こうしたデザインガイドラインに加えてABC認証制度による、持続的雨水管理を核にしたグリーンインフラプロジェクトの認証、ABC Water Professionalという人材育成制度が運用されている。

さらに特徴的なのが、パイロットプロジェクトの仕組みである。こうしたガイドラインに基づいてPUBが主導で現在までに大小59件のグリーンインフラのプロジェクトが整備されている。このように、都市スケールでガイドラインを媒介に積極的なグリーンインフラ適用策を展開する手法は、日本でも参考になるといえるだろう。

グリーンインフラの時代へ

以上のように、本論では持続的雨水管理を核にしたグリーンインフラの定義、考え方と対象となる空間像、そしてマルチスケールで展開されるグリーンインフラ適用策についてまとめた。グリーンインフラは単なる緑や水の技術論ではなく、これからの日本の都市において既存のストックを活かし自然資源を基軸とした豊かな暮らしを創成するための媒介となる可能性を持っている。既存の建物や都市空間に重ね合わせ多便益を生むグリーンインフラの実践から、気候変動に伴う自然災害（写真7）を想定した減災機能をもつグリーンインフラ戦略を導入による都市の脆弱性改善まで、これからのグリーンインフラのかたちは私たちの想像力と取り組みにかかっている。

参考文献
1) 福岡孝則，加藤禎久：ポートランド市のグリーンインフラ適用策から学ぶ日本での適用策整備に向けた課題，日本造園学会論文集 Vol.78 No.5 ランドスケープ研究, pp.777-782 (2015)
2) 福岡孝則：海外で建築を仕事にする2 都市・ランドスケープ編, 学芸出版社, 268p. (2015)
3) グリーンインフラ研究会編著：決定版!グリーンインフラ：日経BP社 (2017)
4) 福岡孝則：ドイツ住宅地における水循環に配慮した技術・デザイン手法に関する一考察 シャーンハウザー、ウィニンデン、クロンスベルグ住宅地における雨水循環を題材に一, 神戸大学持続的住環境創成講座 平成24年度年報, pp.109-113 (2013)
5) 福岡孝則ほか (2013)：住宅地における雨水活用手法の拡大・普及を目指した媒体作成のための北ヨーロッパと日本のガイドラインと事例の比較研究：大林財団2012研究助成報告書
6) 福岡孝則，加藤禎久：アジア・モンスーン気候に適したグリーンインフラ適用策推進手法—シンガポールABC水のデザインガイドライン，神戸大学持続的住環境創成講座 平成26年度年報, pp.135-141 (2015)
7) 福岡孝則：ドイツ・水循環に配慮した都市環境デザイン，水循環 貯留と浸透 2013 Vol.87（雨水貯留浸透技術協会）pp.21-24 (2013)
8) 福岡孝則：Rebuild by Design： 復興デザインの戦略とアプローチ，ランドスケープ研究 Vol.79 No.2（日本造園学会），pp.108-109 (2015)

神戸大学×モナシュ大学　国際ワークショップ
'Livable City KOBE'
■LIVABLE CITY 神戸の提案

リバブルシティ神戸

　縮退時代の日本の都市では、都市部への人口の流入が進み、既存の社会、環境資源を創造的に活用した都市の再整備と共に、国際競争力の強化や都市間競争において選ばれる都市となることが求められている。同時に、そこに暮らす市民が「リバビリティ」を感じられるような都市であることが必要とされている。このようなリバブルシティの考え方を基にした2大学による1週間の国際ワークショップが開催された。

　本国際ワークショップでは、神戸市三宮の都心空間（花時計前から直径1km程度の範囲）のリバブルシティとしての再定義を課題とした。現在複数の都市開発プロジェクトが進行している三宮の都心部が、新しくどのような空間になれば良いのだろうか。リサーチを基に具体的な場所での建築・パブリックスペースのプロジェクトを設定し、それが作り出す新しい社会像から次世代のリバブルシティ（住みやすい都市）の提案に、神戸大学とオーストラリア・モナシュ大学の学生が取り組んだ。

　1995年に阪神大震災という大地震を経験し、神戸の市街地は大きな被害を受けたが、それから20年が経過し、震災の復興を一通り終えた今、神戸は新しいステージを歩み始めている。多世代に利用される、居心地の良い「Livable City」をつくるためには、質の高い豊かな都市生活を経験できるパブリックスペースの質が大きな鍵になると考えられている。ここでは本ワークショップの概要と、4チームの提案についてご紹介する。

国際ワークショップのスケジュール（2016.9.11～9.17）
Poster Session & Welcome Reception

　まず、事前に各大学で取り組んだ「リバブルシティ」課題について発表し合い、グループ分けの後、国際ワークショップの作業が始まった。

神戸大学、モナシュ大学合同のオリエンテーション

Group Work & Lecture

　ワークショップ期間中はグループワークに加えて、外部の建築家によるレクチャーや見学会、フィールドサーベイが行われ、リバブルシティ神戸について短期間で多くのプログラムが開催された。

Mid Term Review

　中間講評会は神戸市内の東遊園地で行われたリバブルシティフォーラムと共同開催し、夜の公園で活発な意見交換が行われた。

Final Review

　最終講評会には神戸市から民間のデベロッパーまで多様なゲストを迎え、リバブルシティ神戸の4提案に関する積極的な意見交換が行われた。

敷地周辺の状況

　神戸は東西に伸びる六甲山に囲まれ、海までの距離は最長でもわずか3km程である。大阪や京都にも程近く、都市機能がコンパクトにまとまり、その周りを豊かな自然に囲まれている。三宮周辺には、開港以来、異国の文化を取り入れながら外国人によって形成されて来た居留地、北野などそれぞれが特色をもったエリアが徒歩圏内に集まっており、色々なエリ

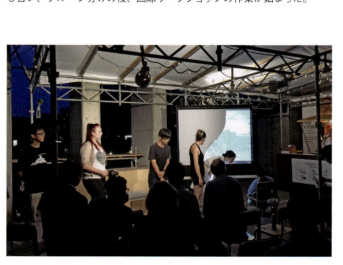

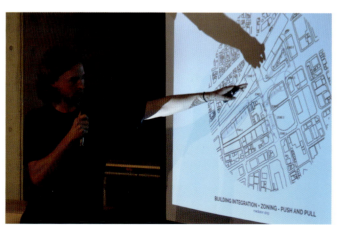

左・右／社会実験中の神戸市東遊園地にて開催された中間講評会

リバブルシティ神戸　最終講評会の様子

アを巡り楽しむことができる。一方で、港としての機能が低下したウォーターフロントや、人通りの少なくなった商店街などに対して、新しい都市のビジョンが求められている。

商業エリア

オフィスと商業施設が一体となった高層ビル群の集まる三宮の中心エリア。駅から直結しており、若者から高齢者まで多くの人で賑わっている。地上からのアクセスと共に、地下、デッキからのアクセスも可能である。

三宮センター街エリア

トレンドをリードするファッションブランドやアクセサリー、雑貨ショップなどが多く並ぶ三宮センター街。今日も多くの人が神戸周辺から訪れ、賑わいに溢れている。

旧居留地エリア

1868年から1899年までの間、神戸市中央区に設けられた旧外国人居留地。洋館の佇まいを残したエリアで旧居留地にはブランドショップが立ち並び、独特の雰囲気をもっている。

南京町エリア

日本三大中華街の一つに数えられ、東西200m、南北110mの範囲に100余りの店舗が軒を連ねる。店頭の路上で販売する店も多く、休日は買い物客や観光客で賑わう。

港湾エリア

大型複合施設が充実し、海を眺めながら時間を過ごすのが気持ちいい「港町・神戸」を実感できるエリア。週末には広場でフリーマーケットやパフォーマンスも実施されている。港湾部は、フェリーおよび在来貨物船、外航客船および国際フェリーの係留施設として利用されている。しかし、臨海地区の重工業の撤退の中で衰退が進み都心ウォーターフロントとしての再生が求められている。

日豪4チームによるリバブルシティ神戸の提案

1週間という短い間に日豪の2大学の大学院生によって構成される4チームがリバブルシティ神戸に向けて提案をまとめた。三宮都心部の中央に帯状の空間を創出しながら既存の都市構造を活かした提案をした「MEDIAN STRIP」、都市の文脈を縫い合わせるような立体的な甍上の空間を提案し多様な市民のための場所をつくる「KOBE PLEATS」、グランドレベルに回遊性が高く、幅広い市民の学びの場を創出した「KOBE CITY JEWEL」、人の流れに着目してスケールの伸縮を意識しながら都市空間を再構成した「KOBE SANNOMIYA NAGARE」まで、4つの提案は神戸都心部におけるリバブルシティ創成の可能性を示している。

本国際ワークショップでは、世界一のリバブルシティ・メルボルンで学ぶモナシュ大学の学生と、山から海までコンパクトにつながる港湾都市神戸で学ぶ神戸大学の学生が、異なる視座やバックグラウンドを活かし次世代のリバブルシティについて考える絶好の機会となった。複層的な都市のリサーチから導き出された課題の視覚化、次世代のリバブルシティのかたちを想像力をもって視覚化した学生の提案を基に官学民で議論をする場を創成することができたのも一つの成果であろう。

社会実験中の神戸市東遊園地にて開催された中間講評会

国際ワークショップ参加者（神戸大学×モナシュ大学）

MEDIAN STRIP

MEMBER

塚越仁貴、西村卓馬、David Sookun、Dinel Méyépa、Tim Shallue

CONCEPT

「Median Strip」は、新しく賑やかで、文化的に豊かな三宮をさらに活性化するために神戸の既存の都市構造の特徴的な条件を再解釈します。 新しい分離帯は、パブリック及びプライベートなプログラムの間を仲介し活動の多様性や都市の接続性、居住性の向上に寄与します。

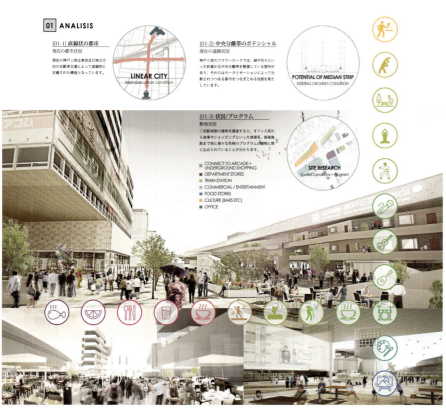

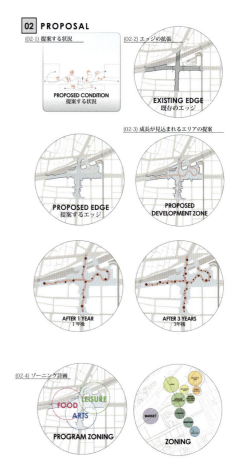

KOBE PLEATS

MEMBER
小畑皓平、山岡義大、Alanna Withers、Estelle Peter、Vanessa Murphy

CONCEPT
　私たちの戦略は既存の地面をはがして持ち上げたり、引き下げたり、また既存の都市の文脈を縫い合わせることです。それを都市の中で場所と場所の繋がりをさらに強くすることが必要なエリアにおいて行います。この操作によってひだ状の面をつくりだし、既存のものとの関係性のなかで新しい多種多様なプログラムを内包することができ、幅広い人々にとって魅力的な場所に都市の真ん中が生まれ変わります。このエリアは住民やビジターにとって大変アクセスしやすく生まれ変わり、神戸がもっと住みやすいまちになります。

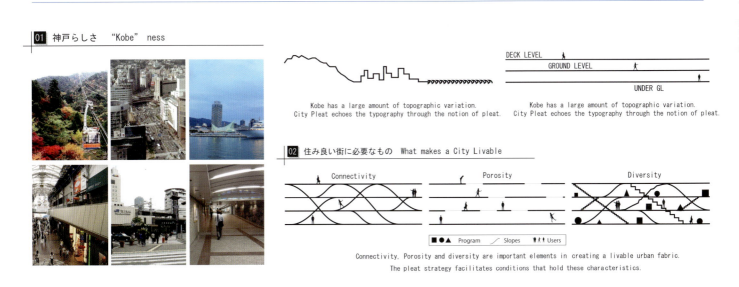

Peeled Topography On New Station Plaza
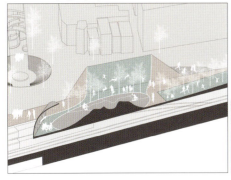

Connecting Multiple Levels in Arcade

Connection to Underground Concourse
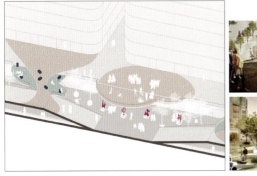

New JR Station With Terraced Roof

KOBE CITY JEWEL

MEMBER
有田一乃、田中はつみ、Ryan Bate、Tori Caljouw

CONCEPT
　このプロジェクトでは、三宮の駅を交差するエリアを提案します。歩行者の動きを向上させ、地上レベルで神戸の街を活発にします。ネックレスのパールのように、これらの多くのプログラムが三宮の駅を中心に街全体へ広がっていきます。若者から、お年寄りまで、全ての世代が、幅広い"学び"という行為を通して繋がることで、神戸のリバビリティ・住みやすさを向上させます。

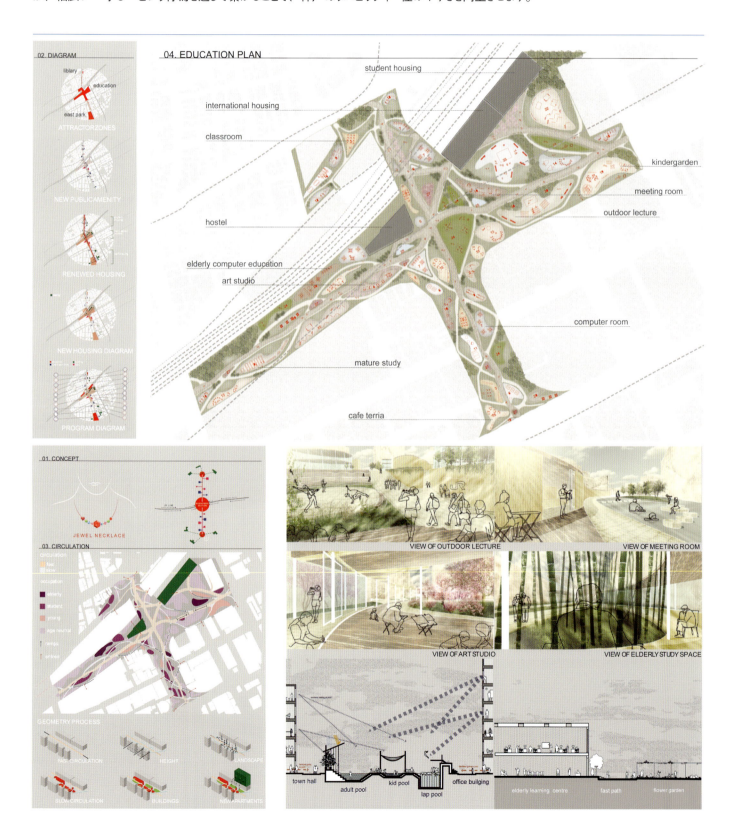

流 KOBE SANNOMIYA NAGARE

MEMBER
谷 大蔵、三井貴裕、Jason Pitts、Anabell Ayala Rodriguez

CONCEPT
　人々の流れを様々なカタログを用いて行為を想定し、デザインしていきます。敷地に挿入されたS, M, Lのスケールが流動的な流れを生み、神戸三宮という街が、あらゆる場所でさまざまな行為が混在している都市となり、より多様性に溢れた都市へと発展していきます。

Concept Diagram

CURRENT = FLOW OF PEOPLE
STONES = OBJECTS AND ACTIVITIES

おわりに

遠藤秀平　Shuhei Endo
神戸大学大学院工学研究科建築学専攻 教授、建築家

　本書は神戸大学において、2012年からスタートした持続的住環境創成（積水ハウス）寄附講座が今年2017年に5年間の期限をむかえたことから、これまでの成果の中からリバブルシティを核とした関連分野の取り組みをまとめたものである。

　この持続的住環境という幅広いテーマを研究対象として、学内外の建築家・研究者・実務家など多数参画してもらい多様な成果を積み上げることができた。また、この講座設立時には、ランドスケープアーキテクトとして国際的に活躍している福岡孝則氏をドイツから新たに特命准教授としてむかえ、特色ある研究拠点を構築することができた。福岡さんは主に本講座を運営しながら、神戸大学での教育にも尽力してもらい、学生にも多くの刺激を与えていただいた。

　毎年、福岡さんはじめ本寄附講座に参画する関係者のネットワークを活かし、講座設立の2012年から様々な研究活動やシンポジウムを開始することができた。その成果の1つが本書に結びつくことになるパブリックスペースを核とした日本ではまだ目新しい概念であるリバブルシティに関連する研究である。近年、リバブルシティ関連の話題の盛り上がりや都市間ランキング評価も影響し、世界各国の主要都市においてリバブルシティ構想が活発化している。ここで、あえて単純化すればリバブルとは快適性のことであり、効率や利便性のみに偏りがちな現代都市において、今後の都市環境を再生し活性化するための重要なキーワードである。本書は、多くの課題を抱え縮退化する我が国の都市政策に対しても、先進的取り組みとして意義深い視点を顕在化することができたのではないだろうか。

　顧みれば、東日本大震災が発生する前の2011年の年頭に、足立裕司先生（現名神戸大学誉教授）と共に積水ハウスを訪問し、現伊久哲夫副社長と寄附講座構想の相談を始めた事が昨日のように思われる。東日本大震災の年から始動したことも不思議なタイミングであり、阪神淡路大震災を経験し克服してきた神戸から災害に対応する持続的な成果なども含め本書により発信でき、このことに道半ばの感はありながらも一定の達成感を得られた。これらの成果が近未来の日本の都市環境において、災害に対する柔軟性を有し、また減災の可能性を内包し、そして快適性にあふれ魅力ある都市づくりの一助となることが関係者一堂の強い願いである。尽力していただいた関係者の皆さんに感謝の意を記すとともに、近未来の日本に必要とされる減災とリバブルシティを実現すること、そしてまだ顕在化することのない未知なる脅威への対応を課題として今後も継続的に取り組みたい。

　最後に本講座設立に多大なる貢献をいただいた積水ハウス株式会社に感謝を記したい。

神戸大学持続的住環境創成
（積水ハウス）寄附講座で
実施された主要レクチャー
のフライヤー

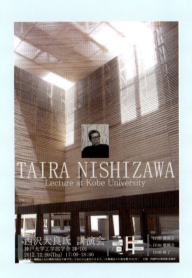

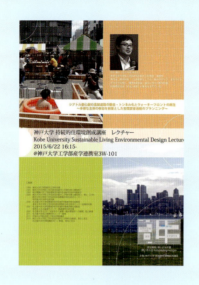

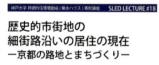